W0351584

Élisabeth Pélegrin-Genel

DES SOURIS DANS UN LABYRINTHE

Décrypter les ruses et manipulations de nos espaces quotidiens

LES EMPÊCHEURS DE PENSER EN ROND / **LA DÉCOUVERTE**

Si vous désirez être tenu régulièrement informé de nos parutions, il vous suffit de vous abonner gratuitement à notre lettre d'information bimensuelle par courriel, à partir de notre site **www.editionsladecouverte.fr**, où vous retrouverez l'ensemble de notre catalogue.

ISBN 978-2-35925-021-3

En application des articles L. 122-10 à L. 122-12 du code de la propriété intellectuelle, toute reproduction à usage collectif par photocopie, intégralement ou partiellement, du présent ouvrage est interdite sans autorisation du Centre français d'exploitation du droit de copie (CFC, 20, rue des Grands-Augustins, 75006 Paris). Toute autre forme de reproduction, intégrale ou partielle, est également interdite sans autorisation de l'éditeur.

© Éditions La Découverte, Paris, 2010.

Pour Iris, Armelle, Diane, Adèle, Daphné et Marthe.

Il y aurait à écrire toute une histoire des espaces – qui serait en même temps une histoire des pouvoirs – depuis les grandes stratégies de la géopolitique jusqu'aux petites tactiques de l'habitat, de l'architecture institutionnelle, de la salle de classe ou de l'organisation hospitalière, en passant par les implantations économico-politiques. [...] Il a fallu Marc Bloch et Fernand Braudel pour que se développe une histoire des espaces ruraux ou des espaces maritimes. Il faut la poursuivre, en ne disant pas seulement que l'espace prédétermine une histoire qui en retour le refond, et se sédimente en lui. L'ancrage spatial est une forme économico-politique qu'il faut étudier en détail.

Michel FOUCAULT
« L'œil du pouvoir », entretien avec J.-P. Burou et M. Perrot, *Dits et écrits II*.

AVANT-PROPOS
MON BUREAU DE POSTE...

MA POSTE, C'ÉTAIT TOUJOURS UNE AMBIANCE affairée, un peu tendue, des tampons, des cahiers pour émarger, des classeurs aux bords fatigués pour ranger les timbres, des lettres dans des casiers, des colis qui débordaient des armoires[1]. Des gens qui vaquaient au fond, doublement protégés par le rang de guichets et la grosse vitre anti-effraction, anti-balles, anti-contacts... Ça s'appelle un hygiaphone. Bref, ça respirait le travail.

Au fil des années, on a assisté à quelques évolutions. Il y a d'abord eu les guichets polyvalents devant lesquels on s'agglutinait, en calculant le nombre de personnes devant soi et en se retrouvant systématiquement dans la mauvaise queue. Puis, la file unique : une merveille. On pouvait surveiller le travail des agents du

1. Cet avant-propos est paru dans la rubrique « Rebonds » de *Libération*, 31 juillet 2009.

front-office et faire une discrète pression, tendre l'oreille à la moindre altercation. Chacun jouait son rôle : le client râleur, l'agent arrimé au règlement, l'intervention du chef pour ramener le calme, le tout au milieu des commentaires des clients spectateurs. On s'est habitué aux automates. L'injonction était simple : faites vous-même le travail, cela ira plus vite. On a docilement appris à s'en servir. Et si, malgré tout, il y avait de l'attente, on ne pouvait s'en prendre qu'à nous-mêmes, et surtout pas au fonctionnement de la poste.

Un jour, ma poste, celle de l'Hôtel de Ville à Paris ferme pour travaux. Quel coup ! Puis elle rouvre et, là, c'est le choc ! Elle a complètement changé.

Il n'y a plus de guichet ! Plus de *front-office* et de *back-office,* mais un bel espace blanc. Le bureau de poste n'a plus rien à cacher. On ne voit plus de lettres, de colis ou de paquets qui débordent des armoires ; est-ce qu'ils les ont toujours ? On s'inquiète un peu.

Voilà une façon élégante de tordre le cou à la mauvaise réputation des fonctionnaires planqués derrière leur bureau. Fini les stéréotypes, en route vers un nouveau service public ?

Mais où sont passés les employés ? Pas derrière les guichets puisqu'il n'y en a plus. Ils sont remplacés par des comptoirs qui se fondent totalement dans le décor. On ne les voit pas. On les compte, on recommence, trois seulement plus celui de l'accueil. « Avant il y en avait cinq mais jamais simultanément en fonctionnement, donc il y en a le même nombre» dit le monsieur de l'accueil. Bon d'accord, pourtant est-ce bien sûr? On tente de se rappeler, on ne se souvient plus.

Leur disposition est bizarre. On comprend qu'il ne fallait surtout pas reconstituer l'idée d'une file de guichets, mais tout de même. Ils sont quasiment invisibles.

La nouveauté, c'est cette banque d'accueil bizarrement située, près de la porte mais au beau milieu des présentoirs. Un accueil avec un monsieur qu'on identifie difficilement parce qu'il ne se tient pas toujours derrière son poste particulièrement inconfortable. La foule l'entoure, le cerne; on voit son écran, ses affaires sur la table. On pourrait les prendre si on voulait.

Il n'empêche, on se sent accueilli: on vous sourit, on vous demande: «Vous venez pour quoi?» Une sorte de bienvenue à bord, avec un agent d'accueil-steward qui veille sur votre sécurité et votre confort. Aller à la poste, c'est partir en voyage. On embarque.

C'est peut-être cela la vraie révolution, les agents de la poste vous parlent et vous sourient *avant* que vous n'arriviez face à eux. Ils n'ont plus l'air de travailler ni même d'être harassés, ils s'intéressent à vous: «Déposer de l'argent c'est ici», «Un colis? C'est là.» Les automates sont discrètement relégués dans un coin.

On note aussi l'absence de démarcation franche entre le guichet et le public, entre les présentoirs de marchandises et les services de la poste. L'ambiance est enjouée, lumineuse. Ça ressemble à un magasin : on se balade librement, on fait ses emplettes et accessoirement on expédie un pli. Mais qui dit magasin dit clients. Au passage, les usagers ont disparu. Par contre, tout le monde bouge, les agents comme le public.

Et puis, il y a la télévision. Elle diffuse des images sur l'épuisement de la planète. Malgré cela, l'atmosphère reste légère. Le monsieur de l'accueil prête son siège à une dame âgée. On ne serait pas étonné s'il lui servait un rafraîchissement.

Mais qu'est-ce qu'on vend ? En y regardant de plus près, on se croirait dans une papeterie : enveloppes, crayons, cartes postales, coloriages, cartables, mais aussi des livres. On remarque l'autopromotion des produits postaux alors que les services se font discrets. Tout est en libre-service. On pense aux confiseries disposées près des caisses dans les supermarchés, aux sollicitations permanentes de la grande distribution, aux théories sur l'achat impulsif pendant qu'on fait la queue.

Et d'ailleurs où est-elle ? On l'a supprimée, elle aussi : pas de dispositif ni de panneau nous demandant de respecter la zone de confidentialité. Elle a disparu. Comment la poste a-t-elle décidé de gérer les flux ? En faisant comme s'il n'y en avait pas. Le problème, c'est qu'une file se forme dans le désordre. Comme dans les parcs de loisirs ou les centres commerciaux, elle serpente entre les rayonnages. Cela crée une certaine confusion, plus personne ne sait qui fait la queue.

Un mot sur le comptoir principal. Du beau travail. On est debout, la postière est assise mais nos regards sont presque à la même hauteur. Un meuble élégant, design, pas trop étroit pour ne pas induire un contact trop proche, pas trop large pour éviter une distance glaçante dans la « relation client ». Une tablette pour poser son sac à mi-hauteur maintient, mine de rien, le face-à-face à distance raisonnable. Le client voit tout ce qui est sur la table, sauf l'écran, la postière n'a plus aucune intimité.

Mais pourquoi avoir placé les deux autres comptoirs sur la gauche, en angle droit ? Les deux personnes qui les occupent travaillent collées l'une à l'autre, au touche-touche, dans un inconfort notoire.

La poste obéit de plus en plus à une logique purement marchande : nous distraire et nous faire acheter sans y penser, augmenter le chiffre d'affaires.

Et que nous dit ce partage de l'espace entre les agents et le public ? « Nous sommes souriants et attentionnés – sans aucune protection – au milieu de vous, les gentils clients, nous ne sommes plus des fonctionnaires horribles et vous n'êtes plus des usagers difficiles... » En quelque sorte, nous sommes entre amis.

L'enjeu de ce livre est d'apprendre à *lire* l'espace en analysant ses agencements, ses fonctionnements et leurs significations, car l'espace, quand on le regarde attentivement, *dit* toujours quelque chose. Il délivre implicitement un message que l'on peut saisir en décryptant les logiques économiques, symboliques, fonctionnelles, marchandes, etc. et en faisant quelques hypothèses.

Partons, donc, explorer ensemble notre environnement quotidien...

INTRODUCTION
PLUTÔT QUE DE REGARDER, SE DIRE : ÇA ME REGARDE !

> Le problème n'est pas d'inventer l'espace, encore moins de le réinventer (trop de gens bien intentionnés sont là aujourd'hui pour penser notre environnement...) mais de l'interroger, ou, plus simplement encore, de le lire ; car ce que nous appelons quotidienneté n'est pas évidence mais opacité : une forme de cécité, une manière d'anesthésie.
>
> Georges PEREC, *Espèces d'espaces.*

« EST-CE QUE L'ARCHITECTURE PEUT GUÉRIR ? » demande un journaliste à Pierre Riboulet en visitant l'hôpital qu'il vient de construire, l'architecte répond : « Elle ne peut pas guérir mais elle peut rendre malade. » Je voudrais prendre ce propos au pied de la lettre, en l'élargissant à l'espace. Il sera donc question d'architecture mais aussi d'urbanisme, d'histoire, de géographie, de sociologie et de psychologie pour apprendre à porter un autre regard sur notre environnement familier. Cet essai propose un voyage à travers des paysages fabriqués et des lieux construits ou virtuels, pour comprendre ce qui nous entoure, et « plutôt que de regarder, (se) dire : ça me regarde[1] ».

Décoder l'espace, analyser ses mécanismes, observer les usages qu'il encourage ou qu'il interdit, voir ce qui échappe parfois aux concepteurs mêmes. Oublier les critères esthétiques ou fonctionnels pour se centrer sur la signification singulière des environnements créés et en proposer une lecture critique : voilà les objectifs de cet essai. Mon ambition n'est pas d'écrire un livre sur l'architecture et encore moins un traité sur les proportions ou les formes, mais de lire notre vie quotidienne au travers de son inscription dans l'espace.

Mais qu'est-ce que l'espace ? Où est-il ? A-t-il une matière, une forme ? C'est quelque chose de très physique et de très abstrait à la fois, qui englobe des aménagements et des dispositifs dans lesquels nous évoluons sans y penser. On baigne dedans au sens propre comme au sens figuré. Si chacun s'accorde à distinguer le lieu où nous vivons de l'espace que nous percevons ou que nous rêvons, ces deux notions restent intimement liées. Chacun en possède une expérience propre sans forcément avoir les mots pour l'exprimer. On vit, on sent, on éprouve, on perçoit l'espace, sans réfléchir à son usage. Malgré cette familiarité, l'espace se caractérise par sa complexité, par sa difficulté à être

1. François MASPERO, *Les Passagers du Roissy-Express*, Paris, Seuil, 1990.

représenté, parlé, expliqué. Par quel bout l'attraper ? Heureusement, Georges Perec nous vient en aide avec cette définition magique : « Vivre c'est passer d'un espace à l'autre, en essayant le plus possible de ne pas se cogner[2]. » Cette phrase m'a profondément marquée : elle est à l'origine de ce travail.

Personne n'a le monopole de l'espace, pas plus les architectes que les autres. Bien sûr, ces derniers le pratiquent avec une plus grande aisance, le perçoivent comme une matière première, un matériau noble et flexible, virtuel tout autant que réel, dont il faut prendre soin. La tâche éminente de l'architecte « demeure de s'attacher au *rien* qu'est l'espace, de rechercher un appui solide, la sécurité du mur, un cadre assuré par sa raison[3] » dit Henri Gaudin Un travail difficile et une lourde responsabilité sociale car si « l'artiste n'a pas de compte à rendre, l'architecte, si. [...] L'espace étant tout de même, *in fine*, une preuve, ce par quoi ça se concrétise : là où ça se voit et s'exprime violemment » explique Christian de Portzamparc[4]. Effectivement, l'espace n'existe que par son usage. Il n'a de sens que vécu, fréquenté, pratiqué, arpenté et par toutes les valeurs que les hommes lui attribuent.

---

2. Georges PEREC, *Espèces d'espaces*, Paris, Galilée, 1974.

3. Henri GAUDIN, *Considérations sur l'espace*, Paris, Le Rocher, 2003, p. 20. (C'est moi qui souligne.)

4. Leçon inaugurale au Collège de France (2 février 2006).

Ce sont eux qui fabriquent les lieux et par conséquent l'espace.

Dans les hypermarchés, il n'y a pas si longtemps, on avait le coin primeurs ou le coin des affaires. Actuellement, on a l'espace bio, l'espace bébé ou l'espace beauté. À la mode, le mot espace se met à toutes les sauces. Pas une publicité de voiture ou de voyage ne manque de s'y référer. Sa signification même change : l'espace est désormais synonyme de mouvement et d'horizon sans limite, de liberté sans aucun lien avec le temps ni le lieu, renvoyé du côté de la sécurité et de l'immobilisme. Pourtant, en français ancien, le mot évoquait davantage un morceau de temps, nous assignant à résidence ou, au contraire, nous donnant du champ : « Le temps reste à distance, mais il nous tient. L'espace contraint, le temps étreint[5]. »

Espace et comportements

Se représenter l'espace est chose complexe, de plus le concept n'est pas le même pour un mathématicien, un physicien, un spécialiste du cerveau ou un architecte. Et très vite se pose la question de la mesure. Longtemps, le corps avec ses coudées, ses pieds et

---

5. Jacques LÉVY, Michel LUSSAULT, *Dictionnaire de la géographie et de l'espace des sociétés*, Paris, Belin, 2003.

ses pouces suffit à lui donner une consistance, puis on a cherché des dimensions plus objectives, géométriques, le transformant en lieu de repère, en milieu, en surface, en quantité. Curieusement on continue de l'évaluer en mètres carrés et beaucoup plus rarement en mètres cubes.

Les travaux d'Elton Mayo (un des pères fondateurs de la psychologie sociale) à la Western Electric Company sont intéressants[6]. Il a introduit les relations humaines dans l'entreprise en mettant l'accent sur les sentiments d'appartenance et de reconnaissance. Leur expression est plus importante pour la productivité et la satisfaction que les conditions physiques du travail. Mais, c'est justement en agissant sur le milieu ambiant qu'il a obtenu ses résultats. L'espace ici a été le prétexte à une prise de conscience collective, à un dialogue avec les chercheurs. Si le regard de ces derniers a été déterminant, cette expérience prouve que l'espace peut être un angle pertinent de travail. L'environnement n'est pas uniquement une question de paramètres à faire varier, sa dimension symbolique de contenant d'un groupe reste fondamentale.

Philosophes, psychologues, ethnologues, sociologues se sont penchés sur l'espace comme abri ou

---

6. Dans les ateliers de Hawthorne, entre 1924 et 1932. Elton MAYO, *The Social Problems of an Industrial Civilisation* New York, Routledge, 2007.

territoire, comme révélateur des rapports sociaux, scrutant l'espace de la ville, les lieux de travail ou l'intimité de la maison pour comprendre les relations de pouvoir, la communication, les liens entre les sexes ou le fonctionnement des familles. Certains, à la suite d'Henri Lefebvre, se sont axés sur la dimension politique de l'espace, d'autres sur ses aspects symboliques[7].

Edward Hall avec son essai *La Dimension cachée* a fait *sentir* l'espace à des générations d'architectes et d'urbanistes[8]. De nombreuses publications enrichissent régulièrement la réflexion selon des angles précis, sociologie ou anthropologie urbaine, géographie etc., mais peu d'ouvrages prennent pour objet l'espace proprement dit, à l'exception de toute une école de pensée anglo-saxonne qui travaille sur les relations entre comportement et espace. Ce dernier les influence et les encadre, formate les individus. Mais le rapport singulier que chacun entretient avec ce qui l'entoure, les ruses et les arrangements déployés, apporte quelques nuances. En effet, tout dépend de l'interprétation que l'individu fait de son environnement[9].

---

7. Henri LEFEBVRE, *La Production de l'espace*, Paris, Anthropos, 1974.

8. Edward HALL, *La Dimension cachée*, Paris, Points, 1971.

9. « On considérera que la forme spatiale devient une ressource, une contrainte ou un guide de comportement, à partir de l'interprétation que l'individu en fait. » Alain BOURDIN, *La Métropole des individus*, La Tour-d'Aigues, Éditions de l'Aube, 2005, p. 42.

Pour illustrer cette interaction permanente on pourrait prendre deux exemples qui semblent au premier abord n'avoir rien en commun. Pourtant ils montrent que chaque lieu génère des codes, un mode d'emploi qu'on peut s'approprier ou au contraire transgresser.

Le premier est celui du code de la route et de la conduite des automobilistes. Des règles précises régentent un espace public ouvert à tous. Pendant des années, malgré de nombreuses campagnes de prévention d'abord voulues sans culpabilisation des automobilistes puis de plus en plus brutales (notamment avec les films de Raymond Depardon), les attitudes ne changent guère et le nombre de tués et blessés demeure hallucinant. Le risque fait partie du voyage. D'ailleurs, on appelle ses proches en arrivant. Mais, au début des années 2000, le nombre de morts devient intolérable. On accepte de nouvelles contraintes (les radars, la ceinture à l'arrière, le permis à points) inimaginables auparavant. Quelque chose a bougé. Ce n'est pas vraiment la nécessité d'obéir aux normes et aux règles, trop de feux rouges grillés en témoignent. Peut-être que, tout simplement, les radars automatiques avec leur présence étrangère virtuelle et réelle, devant lesquels tout le monde est à égalité, ont changé le statut de la route. Jusqu'ici perçue comme personnelle, liée à son usage propre, sans souci des autres, elle devient un lieu d'emprunt. Cette distanciation permet des changements de comportement qui ne relèvent plus seulement de la peur du gendarme (qui d'ailleurs n'est plus là physiquement).

Le deuxième exemple est celui de la médiathèque de Limoges de Pierre Riboulet. Dans un quartier réputé difficile, il construit un magnifique bâtiment blanc. Les commanditaires s'inquiètent. Ne serait-ce pas une provocation ? Une incitation à taguer ou dégrader ? L'architecte tient bon et explique qu'en donnant une belle construction à un public qui s'attend à un bâtiment fermé, grillagé et revêtu de béton granuleux anti-graffiti, il favorise au contraire le respect de cet équipement. Et le temps lui a donné raison.

L'espace est un langage qui imprègne chacun depuis sa naissance, même si les dispositifs qu'il recèle ne se voient pas toujours au premier coup d'œil. Il produit des pratiques et des habitudes, des émotions, on s'y sent bien ou mal.

Espace et symptôme

Dis-moi comment tu habites, je te dirai qui tu es... L'habitat est un révélateur. Lieu privilégié de l'intimité, facile à personnaliser, à décorer, il autorise toujours quelques petits arrangements, ce qui fait dire à Georges Perec : « Petit problème : lorsque dans une chambre donnée on change la place du lit, peut-on dire que l'on change de chambre ou bien quoi[10] ? » Il demeure le lieu d'une appropriation possible, d'une expression de sa personnalité et d'une affirmation de son caractère.

Ainsi, la sphère privée peut se lire comme un symptôme, au sens psychologique, c'est-à-dire comme une voie d'accès à l'inconscient, un moyen de communication, un compromis, un prétexte à l'échange et aux transactions. L'espace de l'habitat donne à voir les modes d'occupation, les coutumes quotidiennes qui peuvent quelquefois devenir sources de conflit ou de souffrance pour soi-même ou pour son entourage. Le partage des mètres carrés entre les différents membres d'une famille, l'aménagement et la place de la cuisine en disent aussi long, voire plus, que plusieurs heures d'entretien avec les occupants.

Et au-delà de la sphère intime ? L'espace peut-il s'analyser comme le symptôme de notre société, comme un révélateur des relations sociales ? Une construction ou un aménagement n'est de toute façon jamais le produit d'une seule volonté, du moins depuis le récit de la Création dans la Genèse. Cette notion de symptôme s'applique-t-elle aussi à des lieux sur lesquels on n'a aucun pouvoir de transformation, aucune prise ? À des espaces peu ou pas spécialement appropriés, réduits souvent à leur dimension fonctionnelle ? Bien sûr. On y lira le reflet d'une culture, ses jeux de pouvoir,

---

10. Georges PEREC, *Espèces d'espaces, op. cit.*

ses tentatives de maîtrise : « Dans l'espace du pouvoir [politique], le pouvoir n'apparaît pas comme tel ; il se dissimule sous "l'organisation de l'espace". Il élide, il élude, il évacue. Quoi ? Tout ce qui s'oppose. Par la violence inhérente et si cette violence latente ne suffit pas, par la violence ouverte » écrivait Henri Lefebvre en 1974[11].

Cependant l'espace en soi ne fait rien, il vient *au secours* de. Il *met l'accent* sur. La flambée de violence dans les banlieues l'hiver 2005 ne s'explique pas uniquement par un urbanisme et une architecture encensés trente ans auparavant et aujourd'hui décriés, même si cet environnement dégradé a largement contribué aux émeutes. Le gouvernement ne s'y trompe pas en répondant, dans l'urgence, de façon démagogique et totalement inadaptée à ce problème complexe, par la promotion de la maison individuelle à 100 000 euros ou plus récemment celle à 15 euros par jour. Attribuer à chacun un pavillon résoudrait-il les problèmes du vivre ensemble ? Quelle société se profilerait derrière ? Le logement n'est pas seulement une affaire privée, c'est aussi une construction sociale.

Nous verrons enfin comment les nouvelles technologies sont partout dans l'espace public, les quartiers résidentiels, les bureaux ou les lieux de distribution. Elles permettent de faire l'économie des murs. Une

---

11. Henri LEFEBVRE, *La Production de l'espace, op. cit.*, p. 370.

idéologie de la transparence se met en place et s'accompagne d'un contrôle discret et permanent, d'un effacement des frontières entre public et privé, entre travail et hors-travail.

Quelles sont les conséquences de cette visibilité obligatoire sur chacun de nous ? Avons-nous encore des marges de manœuvre ? Le début des années 2000 signe-t-il la fin de la notion d'intimité ? « Le vrai luxe c'est l'espace » dit une publicité pour une voiture ; le vrai luxe demain sera-t-il d'être à l'abri du regard d'autrui ? La passion des Français pour la maison individuelle n'est-elle pas l'ultime tentative, vouée à l'échec dans la plupart des cas, pour se mettre à l'abri ? « Cette recherche d'un intérieur qui fût à moi a été mon épreuve... Où est mon intérieur ? Voilà ce que je demande et cherche, ce que j'ai cherché et n'ai pas trouvé » écrivait Nietzsche, dans un autre contexte il est vrai[12]. Cette quête d'intimité est-elle encore possible quand la mondialisation fabrique un paysage uniforme d'un coin à l'autre de la planète ? Quand Ikea, McDo et les autres distribuent des produits identiques partout dans le monde ?

Pour ce voyage j'ai choisi arbitrairement des espaces ordinaires que chacun connaît et pratique quotidiennement ou presque. Ils sont des *moments de lieu*, un

12. Friedrich NIETZCHE, *Ecce homo*, Paris, Gallimard, 1974.

concept emprunté aux géographes, particulièrement pertinent ici, qui permet de replacer une pratique sociale (donc nécessairement spatiale) dans un lieu à un moment donné et de comprendre sa diffusion à d'autres lieux[13].

Dans la première partie, je m'intéresse aux espaces de la mobilité (les routes et ronds-points) qui brouillent les frontières entre ville et campagne et rendent problématique tout arrêt. Ils sont scandés de *bulles* dupliquées à l'infini, accessibles presque exclusivement en voiture, comme les zones commerciales des entrées de ville ou les centres commerciaux.

La deuxième partie étudie la mise en scène des espaces de consommation, la fabrication de ces univers enchantés ou désenchantés, mais soigneusement clos sur eux-mêmes (du grand magasin aux boutiques, des parcs de loisirs aux villages de vacances en passant par Paris Plages) dont l'objectif affiché reste l'étourdissement et le ravissement du consommateur.

La troisième partie se penche sur la mise en œuvre de la transparence et la lutte contre le caché et l'opaque, la disparition du mur et les nouveaux modes de gestion par le regard qui touchent aussi bien la restauration rapide que le monde de l'*open space*.

---

13. Équipe MIT, *Tourismes 2. Moments de lieux*, Paris, Belin, coll. « Mappemonde », 2005.

Enfin, la quatrième partie explore la mise en scène de soi induite par la suppression des murs au profit de la caméra et de l'écran de l'ordinateur, et notre apprentissage des espaces sans contacts corporels. Elle s'interroge sur le statut de l'habitat, dernier vestige – mais est-ce bien sûr ? – de l'intimité.

PREMIÈRE PARTIE

Un espace sans frontières

C'était un monde de vastes parkings reliés entre eux par des routes qui, pour cause d'engorgement de la circulation, ressemblaient souvent à de vastes parkings. Chaque motel, chaque restaurant, chaque salon de coiffure pour chiens, chaque cinéma, était le maillon d'une chaîne nationale, apportant à l'ensemble des lieux une atmosphère surréaliste, si bien qu'on avait l'impression d'être partout en général et nulle part en particulier. De très loin en très loin, on pouvait tomber sur un bistrot crasseux ou une épicerie chichement éclairée, établissements qui auraient aussi bien pu être les vestiges archéologiques d'une culture disparue depuis des siècles.

Stephen McCauley
Et qui va promener le chien ?

1
PARTOUT ET NULLE PART

NOTRE PROMENADE AU TRAVERS D'ESPACES publics (entendre ouverts à tous ou presque) nous oblige, dans un premier temps, à prendre la voiture pour arpenter des territoires ponctués de bureaux, de lieux d'activités et de commerces quasiment identiques, pour emprunter les mêmes routes ou ronds-points, à l'abri dans notre petite bulle montée sur quatre roues, avant de rejoindre le soir des maisonnettes similaires.

Et c'est bien le fait d'être assis à l'intérieur, immobile mais en mouvement, qui relègue l'environnement extérieur à un vague décor. Et c'est aussi parce que la voiture se condense en une « bulle personnelle », en un espace propre, véritable prolongement de soi.

Michel Lussaut raconte une anecdote significative[1] : deux jeunes gens discutent face à face, assis sur les strapontins d'une plate-forme de TGV. À un moment, l'un étend les jambes. Immédiatement l'autre lui dit : « Barre-toi de mon espace. » Le premier répond : « Ce n'est pas ton espace, c'est de l'espace. » De nombreux chercheurs ont travaillé sur cette notion d'espace personnel et sur les distances intimes, sociales, collectives admises et comprises par tous, mais qui varient selon notre culture, notre histoire, ou notre sexe[2]. Ils constituent une sorte de bulle ou de territoire portatif (en gros, ce qui est à portée de main) qui entoure chacun virtuellement et le protège.

L'espace a toujours quelque chose à voir avec la place, sa place, et l'appropriation. Les conduites agressives, au volant ou non, résultent souvent d'une menace sur ce que l'on considère comme son territoire. Ainsi, il y a mille manières généralement inconscientes de s'imposer dans un espace public, dans la façon d'occuper le milieu du banc ou de marcher au centre du trottoir ou encore de laisser son chariot de supermarché devant les rayonnages.

---

1. Michel LUSSAULT, *L'Homme spatial*, Paris, Seuil, 2007, p. 195. Voir aussi son dernier ouvrage : *De la lutte des classes à la lutte des places*, Paris, Grasset, 2009.

2. Edward HALL, *La Dimension cachée*, *op. cit.* ; Abraham MOLES, Elisabeth ROMER, *Psychologie de l'espace*, Paris, Casterman, 1977 ; Gustave-Nicolas FISHER, *Psychologie sociale de l'environnement*, Paris, Dunod, 1997 ; Jean-François CHANLAT (sous la direction), *l'Individu dans l'organisation. Les dimensions oubliées*, Laval, Les Presses universitaires-Eska, 1999.

L'espace prescrit des usages, explicitement ou implicitement, mais chacun garde une marge de manœuvre par rapport à cette prescription : la révolution noire aux États-Unis a commencé le jour où Rosa Parks a refusé de céder sa place dans l'autobus à un homme blanc[3].

Chaque personne, chaque groupe s'approprie provisoirement ou définitivement l'espace de sa pratique et en contrôle l'accès. La maison est un territoire primaire, occupé de façon stable. D'autres territoires sont contrôlés de façon privilégiée par certains ; on ne circule pas librement dans tous les endroits de son entreprise sauf à être le patron ou la femme de ménage, tandis que l'espace public est occupé de manière transitoire et incertaine. Les SDF pour survivre dans la rue reconstituent l'agencement d'un logement, avec le coin chambre, les rangements, le coin toilette (un simple gobelet avec une brosse à dents et un morceau de savon), un salon[4].

Mais cette *bulle* personnelle offre des contours mouvants : dans un ascenseur, un métro ou une foule, chacun se rétracte dans sa coquille invisible pour éviter un contact trop intime avec de parfaits inconnus. Chaque habitué déploie à son insu une fluidité incroyable et se coule dans le flux de la ville, en contournant

3. Michel LUSSAULT, *L'Homme spatial*, *op. cit.*

4. Béatrice COLLIGNON, Jean-François STASZAK (sous la direction), *Espaces domestiques, construire, habiter, représenter*, Paris, Bréal, 2003 (en particulier la contribution de Djemila ZENEIDI-HENRY).

machinalement les touristes paumés et plantés au milieu. On n'agit pas sur l'espace mais avec l'espace.

Curieusement, la roulette, qui symbolise notre monde moderne, entraîne une dilatation de la bulle personnelle. En effet, la valise qu'on traîne fait-elle ou non partie de soi ? Apparemment, elle reste étrangère et distincte de soi ; cependant, on ne se soucie guère de la gêne qu'elle occasionne pour les autres qui trébuchent dans les gares et les couloirs des métros sur ces objets étranges sans même que le possesseur ne s'en aperçoive.

Au volant, l'obstacle est la bête noire, la fluidité l'objectif numéro un. On a l'illusion de maîtriser son parcours alors que tout est organisé pour nous faire aller d'un endroit à l'autre sans rupture possible. La mobilité (rapide) est un droit, l'immobilité, une catastrophe. On ne sait plus très bien où l'on se trouve au sein d'un espace constitué de *bulles* sans lien entre elles, si ce n'est ce maillage routier, dupliqué à l'infini. Les limites s'estompent, tout se confond. Rien n'y échappe. Rien ne résiste. On a pris Alphonse Allais au mot : les villes se construisent à la campagne, ou plutôt des lotissements identiques envahissent le rural.

Nous sommes (définitivement ?) une société qui se pense sur quatre roues[5].

---

5. On doit l'expression à Lionel Rougé, enseignant-chercheur à l'UFR de géographie de l'université de Caen, qui a étudié notamment la périurbanisation de la région toulousaine.

En effet, pour essayer d'attraper l'espace et en proposer une lecture, il est impossible de ne pas tenir compte de la voiture et des routes et ronds-points qui l'accompagnent : La mobilité a transformé non seulement notre perception de l'espace mais aussi sa substance même. Intéressons-nous à ces deux ingrédients indispensables de la vie contemporaine pour commencer notre périple dans des lieux ordinaires.

D'abord, elle nous coupe du sol et du lieu-dit. Ensuite, elle accélère le brouillage entre ville et campagne. Enfin, tel un bulldozer elle modèle un paysage identique partout où elle passe. Surtout, elle est indispensable pour circuler d'un « espace dupliqué » à un autre. C'est grâce à elle que les centres commerciaux, les parcs d'activités des entrées de ville, les motels peuvent fonctionner. La voiture est tellement banale qu'on n'y pense plus. Et c'est dommage ! On ne « voit » plus ce qu'elle « fabrique » : elle nous rend aveugle à la transformation irréversible de notre milieu et se conduit (sans jeu de mots) en tyran : quelque part, elle nous interdit de nous arrêter.

Ma petite bulle mobile

Avec la voiture, nouvelle mesure de l'espace, on ne raisonne plus en distance mais en temps. Si la durée du trajet domicile-travail reste globalement constante depuis une trentaine d'années, les autoroutes ou les transports en commun en ont augmenté significativement la distance.

La voiture reste le seul endroit où l'on accepte encore d'être coincé. Elle est perçue comme une deuxième habitation : ultime bulle personnelle, fabriquée en série à des milliers d'exemplaires, mais totalement appropriée, cocon protecteur malgré ses larges ouvertures vitrées aux portes closes d'un clic sur un bouton, où l'on peut voir sans être vraiment vu, bouger ou s'arrêter. On maîtrise l'atmosphère intérieure : chauffage, climatisation, ambiance sonore. La voiture se prête à de multiples usages, lieu de rendez-vous, de travail, ou de détente. Elle demeure encore l'endroit d'une certaine rêverie, au moins pour le conducteur. Les enfants sanglés dans leur siège, privés de tout mouvement, sont sommés de rester tranquilles en regardant l'écran intégré dans les dossiers des sièges. La vulgarisation du GPS a changé la relation à l'environnement. On s'en remet à la technique pour se rendre quelque part, on régresse dans un état infantile en obéissant aux ordres fermes mais toujours polis d'une voix synthétique. On lui donne souvent un surnom, on lui parle, on l'interroge : « Tu es sûre Jacqueline que je prends la troisième sortie du deuxième rond-point ? »

L'automobilité, qui est tout à la fois une pratique sociale et un nouveau mode d'habiter, produit un temps instantané et aussi de nouveaux types d'espaces. « C'est grâce à leur mobilité que les gens entrent effectivement dans la sphère publique[6]. » Une grande partie de la vie sociale ne peut plus se passer de la voiture. On peut « vagabonder à grande vitesse à n'importe quelle heure et dans n'importe quelle direction », à l'exception des « sans permis » et des « sans voiture ». De grands territoires sont consacrés exclusivement à son usage : près de la moitié de Los Angeles et un quart du territoire de Londres.

En auto, car, autobus ou train une grande partie du temps, nous sommes désormais comme les tomates du sud de l'Espagne, des individus *hors sol*. L'étendue est notre nouveau monde, la mobilité la norme obligatoire.

Pourtant, avoir lieu, c'est *exister*. Vivre, c'est occuper une multitude d'endroits qui nous protègent et nous mettent à l'abri du temps. À tout instant, on se réclame de son lieu de naissance ou de résidence, sans parler de son lieu de travail – ou on nous les réclame. Des lieux qui sont à l'espace ce que la durée est au temps[7].

La localisation n'est-elle plus qu'un simple renseignement administratif ? L'espace de la mobilité effacerait-elle les lieux ? Des oppositions fondamentales disparaissent peu à peu dans un lent grignotage : ville/campagne, jour/nuit, espace public/espace privé. Un nouveau territoire

---

6. John URRY, *Sociologie des mobilités, une nouvelle frontière pour la sociologie*, Paris, Armand Colin, 2005.

7. Christian GODIN, Laure MÜHLERTHALER, *Édifier. L'architecture et le lieu*, Paris, Verdier, 2005, p. 36.

se dessine. À leur tour, ces nouvelles configurations spatiales produisent, accompagnent ou confortent de nouveaux usages.

Routes et ronds-points

La campagne devient une banlieue infinie irriguée par un vaste réseau routier entrelardé de ronds-points. Ces équipements routiers, dont on ignore le nombre exact – 18 000 ? 20 000 ? 25 000 ? –, sont un dispositif très ancien qui connaît depuis une trentaine d'années une fortune exceptionnelle. Le « carrefour giratoire à priorité à l'anneau » est un symbole de notre époque : il permet la fluidité, la mobilité, et met entre parenthèses notre fameuse priorité à droite. L'automobiliste, qui n'est pas obligé de s'arrêter totalement, se glisse habilement dans le flot incessant. Quel que soit l'endroit d'où il vient, et le véhicule dans lequel il roule, le conducteur est à égalité avec ses voisins, il a les mêmes chances. C'est démocratique et merveilleux. Son mode d'emploi se comprend aisément, le rond-point est *transparent*. Un espace clos à visage unique.

Éric Alonso souligne que « le carrefour giratoire passe pour un système intelligent comparé aux feux tricolores, car il fait appel au jugement de l'automobiliste[8] ».

8. Éric ALONSO, *Du rond-point au giratoire*, Paris, Parenthèses, 2005.

Hélas, il prend de la place, avec un rayon moyen de 15 à 25 m, et dégage au milieu un grand terre-plein inaccessible et donc à l'abri des dégradations. Ce dernier devient prétexte à une création artistique et chaque municipalité s'y exprime allégrement. Avec un minimum de moyens – amphores, barques, charrettes fleuries, écussons ou blasons floraux, rocailles ou fontaines –, on évoque une ville ou sa région. On attire l'attention sur une spécificité locale. Il y a aussi des parentés avec Paris Plages. Là, une chaise longue rayée ou des oriflammes bleues qui claquent au vent suffisent à évoquer la plage, en l'absence de la mer. Ici, on symbolise la Provence avec un olivier, un mur de pierres sèches et des lavandes ; on met en scène le passé minier de l'une, ou l'avenir aéronautique de l'autre avec une aile d'avion immobile, qu'on aperçoit fugitivement, en tournant en rond. Quelques mètres carrés se transforment en un concentré d'identité régionale, exactement comme le pavillon d'une exposition universelle. Le terre-plein et sa culture populaire inspirent désormais des photographes ou des peintres. Éric Alonso mentionne l'émergence d'un tourisme de jardins *drive-in* ou plus exactement *drive-around.*

Cette débauche de décorations permet aussi de détourner un standard routier banal et de se l'approprier. Les maires adorent, d'autant plus que le rond-point bénéficie d'une bonne réputation : il diminue le nombre d'accidents. Paradoxalement, il devient un élément de repérage pour le conducteur égaré entre trois et quatre ronds-points, dans des zones périurbaines confuses. « Vous tournerez à droite après le troisième rond-point. » Lorsqu'il réinvestit la ville, il se transforme en concept de rond-point avec un simple marquage au sol, des différences de matériaux, et quelques éléments abstraits ou décalés autour, dessinés, cette fois-ci, par un paysagiste ou un artiste.

Pourquoi un tel dispositif? Il signe l'espace sans limite et sans entrave. Le rond-point est double, il oriente et désoriente à la fois, mais, sympa, il donne une seconde chance : si on rate la bonne sortie, on peut toujours refaire discrètement un tour. Même perdu, on n'a pas besoin de s'arrêter. Et, surtout, on ne perd pas la face ni la maîtrise des événements. En un mot, il permet le choix, ce qui est aussi une caractéristique essentielle de notre époque. Enfin, vue d'avion, le rond-point ressemble à un œil... Cet espace dupliqué, par excellence, symbolise sans le vouloir la surveillance permanente à l'œuvre un peu partout.

Aux États-Unis, les carrefours ont quatre stops. Le premier arrivé démarre. Cela suppose de faire attention aux autres et de mémoriser leur place : un système impensable en France qui se caractérise par une vision toujours très hiérarchique de la société. Les Chinois ont opté pour une absence apparente de contraintes. Au carrefour, chacun se glisse dans le flux avec discrétion et aisance dans un mouvement théoriquement lent… Car il est exclu de s'arrêter : il ne faut pas donner l'impression de laisser les autres passer[9].

Drachten aux Pays-Bas a supprimé la totalité de ses feux tricolores sans pour autant passer aux giratoires. Son message : faire confiance aux conducteurs, qui font « ce qui convient de faire et non ce qu'on commande de faire[10] ». Du coup, la ville devient un immense rond-point et gagne une nouvelle physionomie car tous les panneaux de signalisation ont été déposés. Et, apparemment, responsabiliser les gens, ça marche…

Le génie du lieu a déserté

L'automobiliste sur l'autoroute, coincé entre ciel, bitume et glissière de sécurité, à vitesse constante ne perçoit que « le sentiment de l'absence d'environnement » comme le dit joliment Jean Baudrillard[11]. Il circule sur un ruban ininterrompu qui ne lui donne aucune lisibilité ou repère et le conduit à des actions bizarres : s'il veut tourner à gauche à la prochaine intersection d'autoroute, il lui faut d'abord prendre à droite. Le rond-point produit un peu la même impression en

9. Georges AMAR, *Mobilités urbaines, éloge de la diversité et devoir d'invention*, La Tour-d'Aigues, Éditions de l'Aube, 2004.

10. *Courrier international*, 785, 17 novembre 2005.

11. Jean BAUDRILLARD, *Amérique*, Paris, Grasset, 1986, p. 12-13.

réclamant dextérité et concentration pour être abordé avec aisance.

Un décor campagnard borde l'autoroute. Des pictogrammes de trois mètres sur quatre signalent aux automobilistes pressés qu'ils traversent une zone agricole : un rectangle marron sur lequel se détachent des arbres fruitiers stylisés, ou cinq petites pommes. D'autres invitent le conducteur à jeter un regard furtif sur un hameau « authentique » avec clocher roman ou citadelle en ruine.

Cet espace de mobilité permanente est entrecoupé aussi de « lieux du transit » qui obéissent à une logique de promenade et d'achats plus ou moins impulsifs. Ainsi, les stations-service des autoroutes demeurent des étapes obligatoires. Les « véritables produits du terroir » attendent les automobilistes lors de leur escale-pipi, avec animation, ballons, drapeaux, flonflons et parfois vrais paysans en costume régional. Aire des grandes herbes, du hibou ou du grand bœuf, les zones de repos bordant l'autoroute renouent, contre toute attente, avec le lieu-dit en reprenant son nom. Chaque jour, des milliers d'automobilistes s'y arrêtent. Leur rénovation est spectaculaire, l'offre se complexifie. Désormais gérées par la grande distribution, ces stations transforment le conducteur en consommateur et lui proposent de faire quelques courses en revenant de week-end, de se procurer des produits naturels ou d'essayer le tir à l'arc. Il y a aussi les gares : quand on sait que 350 000 voyageurs empruntent la gare Saint-Lazare quotidiennement, et 500 000 celle de Châtelet-Les Halles, on comprend mieux les enjeux pour les distributeurs. Désormais, le temps d'attente inévitable avant un train est l'occasion d'attirer et de fidéliser une clientèle captive qui se révèle, malgré tout, très volatile.

On passe également un temps fou dans un aéroport, cet espace technique et sécuritaire où les arrivées et les départs ne se croisent jamais. Mais pourquoi les salles d'attente sont-elles aussi inconfortables ? Pourquoi les sièges sont-ils alignés et fixés au sol ? Craindrait-on des émeutes ? Pourquoi rien n'est jamais prévu pour les familles avec enfants ou les groupes d'amis ou de collègues, condamnés à s'asseoir en rang d'oignons, sans possibilité de mener une conversation ou de jouer ? Tout est conçu pour satisfaire les besoins d'un adulte seul qui ne souhaite entrer en interaction avec personne. Mais cet adulte reste, avant tout, un consommateur potentiel : l'inconfort des salles d'attente doit le pousser à se lever pour se dégourdir les jambes, se promener dans les galeries truffées de restaurants, de bars et de boutiques. Chaque passager contribue ainsi à faire marcher l'économie, non seulement des compagnies aériennes, mais aussi des boutiques, succursales de chaînes internationales, ce qui renforce encore cette impression de duplication d'un aéroport à l'autre[12].

12. Robert SOMMER, Sabine EL SAYEGH, *Milieux et modes de vie*, Paris, Archigraphy, 2003.

Enfin, pourquoi l'étage des arrivées est-il aussi mal fichu ? La porte des sorties de vols internationaux toujours étroite et opaque crache ses voyageurs hagards au coup par coup. En l'absence d'informations sur la provenance du vol, les gens s'agglutinent le plus près possible de la porte. Lorsque la personne attendue arrive, les embrassades provoquent un bouchon qui gêne les autres. L'arrivée ne fait l'objet d'aucun soin, car la gestion du flux prédomine, il s'agit de faire partir au plus vite ceux qui ne sont plus des *clients* potentiels de l'aéroport. Et l'espace le signifie clairement.

Sur quatre roues, on circule donc, dans un vaste territoire faussement simple qui ignore superbement l'environnement : on est partout et nulle part, tout se ressemble. Un peu hypocrite, l'espace de la mobilité dissimule son efficacité et sa haute technicité, mais impose des usages et des conduites précises tout en se voulant familier. Carrément cynique, il interdit toute immobilité, empêche le repli, ne permet aucun ancrage, juste un passage rapide. C'est un espace fluide et déterritorialisé qui conduit à une certaine confusion malgré sa débauche de signalétique. Il semble difficile d'échapper aux espaces de la mobilité : Car « la locomotion universelle de l'automobilité affecte tout lieu possible de résidence d'un coefficient d'indétermination. Les bureaux, les maisons, les salles à manger et les chambres, les halls d'aéroport et les stations de métro, tout devient mo(r)tel, aussi froid et vide, aussi pauvre et simple : mêmes meubles en plastique, mêmes formes dépouillées, mêmes atmosphères désenchantées, où plus rien ne constitue un lieu, où plus rien n'a lieu » résume Bruce Bégout[13].

Ainsi, nous aurions quitté naturellement les lieux-dits, car littéralement, en effet, « on ne peut plus les dire[14] », pour un territoire mondialisé, sans frontières, parsemé çà et là d'œuvres atopiques. Le génie du lieu a déserté. Seul l'habitat résiste encore en offrant un endroit clos qui se veut singulier.

---

13. Bruce BÉGOUT, *Lieux communs. Le motel*, Paris, Allia, 2003, p. 80-81.

14. Christian GODIN, Laure MÜHLERTHALER, *Édifier. L'architecture et le lieu*, *op. cit.*, p. 206.

2

VILLE OU CAMPAGNE ?

> Sa « maison de campagne » était un pavillon dans un lotissement baptisé WestWoods. Ce nom m'irritait copieusement. Où étaient les bois ? Le moindre arbre se trouvant dans un rayon de plusieurs kilomètres autour du lotissement avait été abattu depuis belle lurette, histoire de faire place à d'interminables successions de centres commerciaux, magasins d'usine, groupes d'immeubles résidentiels. Et à l'ouest de quoi, s'il vous plaît ? Il n'y avait aucun lotissement nommé EastWoods pour faire pendant, que je sache.
> Quelques minutes après avoir emprunté la bretelle de sortie, je fus pris au piège d'un labyrinthe complexe de rampes d'accès, d'interchangeurs et d'enseignes de néon aveuglantes désignant des boîtes de restauration rapide, des motels pas chers et des concessionnaires d'automobiles. On avait du mal à qualifier l'endroit. Ce n'était ni une ville ni un faubourg, ce n'était certes pas la campagne.
>
> Stephen MCCAULEY, *Et qui va promener le chien ?*

LA CAMPAGNE ACCUEILLE DES MILLIERS de petites maisons individuelles que, paraît-il, 80 % des Français rêvent d'habiter. Et pour la première fois depuis un siècle, les campagnes françaises voient leur population augmenter. Est-ce la conséquence d'un étalement urbain sans limite ou les prémices d'une véritable renaissance rurale ? Les surfaces urbanisées couvrent désormais 4,5 millions d'hectares et fragilisent les 10 millions d'hectares de terres agricoles restantes. Ceux-ci se retrouvent inextricablement mélangés avec le bâti : 40 % se situent désormais en zone périurbaine, ce qui complique singulièrement la tâche des agriculteurs.

La valeur des terrains à bâtir a doublé en dix ans. Pour échapper aux prix vertigineux de l'immobilier en centre-ville et en banlieue, les néoruraux ou encore les rurbains – des mots qui mettent mal à l'aise tellement ils sonnent faux – s'installent de plus en plus loin, là où le foncier reste accessible, en sous-estimant dramatiquement le coût et le temps de leurs transports. En effet, si un hectare de terre agricole vaut environ 4 750 euros, le même hectare constructible aura une valeur moyenne de 185 000 euros. Chaque année la région Languedoc-Roussillon accueille 80 000 résidents supplémentaires. On estime qu'un nouvel arrivant consomme 460 m² de terrain. Ce grignotage semble inéluctable. En effet, les nouveaux habitants s'installent de préférence en lisière de petites bourgades et font construire. Parfois, grâce à leur venue, l'école du village ne ferme pas et la vie sociale reprend du dynamisme. Cependant, l'accession à la propriété se révèle vite un piège pour beaucoup. D'un point de vue économique et écologique, le bilan est désastreux : deux voitures, un temps perdu considérable en transport, et toujours plus de routes et d'autoroutes. Une transformation irréversible : on ne crée pas de champs à la place d'anciens lotissements et on considère « vierges » des terrains en réalité cultivés.

Chaque année 100 000 hectares de prairies et de champs disparaissent à jamais. Tous les six ans, c'est l'équivalent d'un département qui se couvre de rocades, parkings, voies ferrées, aéroports et bien sûr pavillons... Et chaque année 50 000 à 60 000 hectares sont achetés pour satisfaire la demande des urbains en équipements de loisirs. Cette appropriation du paysage change la conception de la campagne, celle-ci devient un « espace consommé[1] ».

La campagne se construit inexorablement, la ville se dilue dans une urbanisation généralisée, on parle désormais d'aires métropolitaines aux limites fluctuantes. Celle de Toulouse, par exemple, a désormais un rayon de 60 kilomètres. La prolongation d'une ligne de transport en site propre ou la création d'une rocade d'autoroute en change immédiatement les contours. Cet étalement urbain modifie la notion même de centralité en absorbant des villes et des bourgades de tailles diverses qui conservent, chacune, un centre

1. André THEVENOT, *L'Avenir de la politique agricole commune*, Colloque du 26 juin 2006 ; voir aussi Dominique-Louise PELEGRIN, *Ciel ! Ma prairie. Aventures paysagères*, Paris, Autrement, 2008.

inégalement attractif, mais vivant. Et, parallèlement, la ville tend à devenir une mosaïque de quartiers plus ou moins fermés et plus ou moins communautaires.

Rien ne semble devoir arrêter ce phénomène qui n'est ni un retour à la terre ni l'invention d'un nouveau mode de vie mais reflète surtout l'absence dramatique de maîtrise du foncier. Les Français expriment, dans toutes les enquêtes, leur désir d'avoir de la place et de la verdure : pourquoi la réponse à ce souci légitime se résume à cette vision idéalisée de la maison « quatre faces », c'est-à-dire sans mitoyenneté, posée au milieu de son jardinet clos, dans un décor riant et sympathique ?

Et, en dépit de tout bon sens, la maison à 100 000 euros portée par l'État (ou à 15 € par jour) se veut un signe du renouveau et une alternative aux barres et aux tours au moment précis où nous appréhendons mieux les conséquences désastreuses de l'étalement urbain sur l'écologie : le bâtiment représente 45 % de l'énergie consommée et près du quart des émissions de gaz à effet de serre. On en connaît le coût pour la collectivité (infrastructures, transports, collecte des déchets, entretien et emprise des réseaux, etc.). La promotion de l'habitat individuel se justifie difficilement au regard de ces enjeux et même de la démographie.

On continue d'opposer de façon simpliste l'habitat collectif diabolisé par l'image dévalorisée des grands ensembles aux coquets pavillons, en escamotant au passage la réflexion à mener, de toute urgence, sur la densité et les ambiances urbaines acceptables. La densité, synonyme de mal-vivre, fait peur. Si elle se traduit par un chiffre, elle est avant tout quelque chose de subjectif. Les grands ensembles justement ont une densité très faible de l'ordre de 1, quand l'habitat haussmannien tourne autour de 4,5[2] !

Et malheureusement de nombreux « périurbains » se retrouvent prisonniers de ces représentations sommaires. La ville, lieu anonyme et pollué, est-ce si sûr ? Mais pourquoi faut-il offrir à tout prix un jardin privatif à ses enfants ? Pourquoi faut-il privilégier une maison isolée, plutôt que des équipements accessibles ? Ces nouvelles injonctions adressées aux jeunes parents parasitent le débat. Elles sont relayées au plus haut niveau de l'État : Nicolas Sarkozy, le 27 mai 2008, se prononce au micro de RTL pour des villes nouvelles écologiques avec des énergies durables, « des villes où il fait bon vivre, avec un habitat individuel et des transports en commun », et personne ne relève la contradiction entre la ville et le pavillon, entre les transports en commun et l'étalement urbain.

Car chacun s'attend – naïvement – à trouver sur place toutes les commodités modernes. La campagne

---

2. La densité parcellaire ou COS est le coefficient d'occupation du sol c'est-à-dire la surface des planchers par rapport au terrain. Élisabeth PÉLEGRIN-GENEL, François PÉLEGRIN (sous la direction), *Ambiances, densités urbaines et développement durable*, Paris, Éditions PC, 2008.

oui, mais avec le collège, la pharmacie et le centre commercial à deux pas. Une campagne propre, surtout pas boueuse, cultivée, sans bruit intempestif de tracteurs le samedi matin, ni odeurs d'engrais. On sera plus tolérant avec le ronronnement de la tondeuse à gazon. Ceux qui sont très proches du centre bourg supporteront difficilement le bruit des cloches à chaque heure de la nuit. Ils n'hésitent plus à se tourner vers la justice et obtiennent souvent gain de cause : de nombreux maires ont pris un arrêté municipal pour interdire les cloches de 10 heures du soir à 7 heures du matin.

L'autonomie est valorisée. On s'entraide entre voisins mais on manque de moments disponibles pour s'investir réellement dans la vie politique locale : les transports dévorent trop de temps. Des codes subtils existent. On peut faire le tour de sa maison sans saluer son voisin ni le vexer : il est à dix mètres, mais chez lui, dans sa sphère privée, et chacun se comporte comme s'il y avait un mur et non pas une petite haie. Par contre, on s'arrêtera facilement pour papoter devant le garage sur le trottoir, dernier vestige de l'espace public. Le pavillon individuel entouré de son jardinet n'est jamais bien loin du mythe de Robinson Crusoé. Il se vit quasiment comme une île déserte : tout est à créer et les voisins peuvent disparaître magiquement derrière une haie de thuyas.

Le développement du périurbain est-il inévitable ? Il ne répond pas, avec ses milliers de maisons identiques qui grignotent le paysage, à la nécessité, d'un point de vue global, d'économiser les ressources naturelles (sol, énergie, eau, matériaux), ni aux besoins d'une population vieillissante. Pourtant il reste un idéal fort et conduit chacun à minimiser ou occulter sa dépendance à la voiture et à la mobilité.

Sous le regard des vigiles

Comment redonner le goût de vivre les uns proches des autres, voire ensemble ? Une variante au périurbain (je ne sais pas si on peut parler d'alternative) se trouve dans les quartiers sécurisés : mais à quoi répondent-ils ? Ils permettent de rester entre soi mais aussi de quitter sa voiture pour marcher dans un endroit clos. L'intimité de la maison déborde dans un lieu choisi, partagé avec d'autres soi-même.

Les Hauts de Vaugrenier sur la Côte d'Azur, par exemple, accueillent 6 000 habitants, partageant une même vision de la vie ensemble dans un auto-enfermement consenti, et cela malgré des charges financières lourdes. Enclave privée sur 130 hectares, le quartier abrite néanmoins une école maternelle publique de deux classes scolarisant aussi quelques enfants de l'extérieur. Une illustration de plus de ce brouillage permanent entre espace public et espace privé.

Seize surveillants non armés veillent sur la sécurité des résidents, vingt jardiniers et quelques agents administratifs entretiennent le paysage, les rues et les réseaux. Ici on n'entre qu'avec un badge ou sur invitation. Ceux du dehors sentent cette limite infranchissable, et ceux de l'intérieur renforcent ainsi leur identité communautaire et peuvent vivre quasiment en autarcie: sur place on trouve des commerces, des restaurants, un dentiste mais aussi des agences immobilières et un architecte d'intérieur.

Un phénomène qui touche la planète tout entière: Roubliovo-Arkhanguelskoïe est en construction sur 430 hectares. La future cité pour millionnaires russes comprendra un château médiéval genre sud de la France, un centre-ville nommé citadelle, un morceau de Prague avec une «vieille ville» reconstituée, un bout d'Amsterdam et son village de pêcheurs, et un soupçon de Venise avec un Grand Canal. D'autres s'édifient en Chine sur le modèle de quartiers haussmanniens.

Ces lotissements rencontrent donc un grand succès et se présentent sous des formes spatiales et des dispositifs variés de surveillance, simple clôture, gardiennage, vigiles avec chiens, rondes, barrière, registre des entrées et sorties, caméras: un contrôle social total approuvé par ceux qui s'y soumettent.

Mais pourquoi ce mode de vie entre soi sous le regard des vigiles plaît autant? Le dehors fait peur. Ces enclaves privées reposent sur une réclusion volontaire derrière un mur qui enserre des pans entiers d'espaces privés et publics. Pourquoi tout clôturer ? Pour se protéger contre une intrusion et des dégradations éventuelles et pour se mettre à l'abri. Les autres, les inconnus, les non-identifiés inquiètent. Ville et violence sont toujours associées dans l'imaginaire collectif mais rarement questionnées. La violence affecte surtout les habitants des quartiers pauvres, qu'on considère comme les « producteurs » « sous prétexte que la misère rendrait les gens violents. Les pauvres sont reconnus seuls coupables de ce qui est une défaite du lien social », souligne Yves Pedrazzini[3]. Ainsi, les plus aisés justifient leur désir de protection face aux plus pauvres en invoquant une insécurité latente généralement infondée (à l'exception de quelques métropoles d'Amérique latine).

La violence de l'urbanisation, elle, est bien réelle et les pratiques sécuritaires touchent toutes les classes sociales. On pense immédiatement aux quartiers difficiles où des bandes font leur propre loi, mais les habitants de nombreuses *gated communities* ne se comportent pas autrement, toutefois sur un autre registre.

De multiples sociétés privées profitent de cette demande de sécurité et vendent leurs produits à tous, y compris aux plus démunis[4]. Les habitants les plus

3. Yves PEDRAZZINI, *La Violence des villes*, Paris, Éditions de l'Atelier, 2005, p. 25.

4. Mike DAVIS, *Au-delà de Blade Runner. Los Angeles et l'imagination du désastre*, Paris, Allia, 2006, p. 51.

pauvres s'équipent de grilles et de barres, malgré le sentiment d'être en prison dans leur propre maison, « mais parfois on fait des choses qu'on n'aime pas pour être en sécurité » dit une habitante de Los Angeles.

Les plus riches s'emparent de territoires qu'ils ferment pour leur propre usage. Nous avons « d'un côté les bons citoyens, retranchés chez eux et enclavés dans un univers de consommation ultra-protégé ; de l'autre, les mauvais citoyens, traînant dans les rues (donc forcément soupçonné de se livrer à des activités illégales) sous le regard satellitaire tout-puissant (de la police) », explique Mike Davis[5].

Les quartiers fermés se réclament de l'urbanisme sécurisant d'origine anglo-saxonne. Un courant qui nous intéresse ici parce qu'il met en évidence le rôle de l'espace sur les comportements et le bien-être. Il s'appuie sur une surveillance informelle de chacun, une appropriation territoriale avec une variation du dehors au dedans, un contrôle des accès, et des efforts d'entretien et d'embellissement, afin de prévenir les actes délictueux.

Depuis les travaux d'Alice Coleman, on invoque aussi la notion d'espace défendable[6]. Une version

---

5. Mike DAVIS, *City of Quartz, Los Angeles, capitale du futur*, Paris, La Découverte, 1997, p. 229.

6. Alice COLEMAN, *Utopia on Trial. Vision and reality in planned housing*, Londres, Hilary Shipman, 1985.

allégée des *gated communities* à l'usage des quartiers délaissés composés de tours et de barres, basée sur la résidentialisation. Cette démarche volontariste, faite en concertation avec les habitants, cherche à créer un environnement appropriable collectivement, et dans lequel ces derniers se reconnaissent. L'espace vacant entourant le bâti reçoit une série d'aménagements. On marque la différence entre les lieux accessibles à tous et ceux réservés aux résidents de la cité, puis aux habitants d'un immeuble, avec une gradation d'espaces de transition entre le public et le privé et des ambiances urbaines variées pour favoriser les échanges. Pourtant, cette démarche a ses détracteurs qui y voient une forme discrète de privatisation et un abandon de la rue. Mais lorsque cette dernière ne peut pas remplir sa fonction, quand elle n'arrive pas à être un véritable espace public, c'est une solution intéressante.

À côté de ces cités qui accueillent des minorités et des pauvres, et des classes moyennes qui se réfugient dans des pavillons en zone périurbaine, toute une population aisée investit les centres anciens[7]. Ce retour vers la « centralité » s'accompagne de bouleversements profonds dans la perception même de la ville. On y vit entre soi, protégé par des grilles et

7. La « gentrification » a été étudiée par Jacques DONZELOT, *Quand la ville se défait. Quelle politique face à la crise des banlieues*, Paris, Seuil, 2006.

des digicodes et on accepte l'autre comme une sorte d'animateur de rue : les boubous colorés, les ethnies qui se croisent encore sur les trottoirs fabriquent le spectacle. Et puis, le petit Arabe ouvert jusqu'à minuit c'est bien pratique. Chacun joue son rôle et ne se risque pas à en sortir.

La ville fait peur mais la nature fait vendre

Qu'est-ce qui a changé dans notre perception de l'urbanité ? Contrairement aux époques précédentes, nous désirons une ville ripolinée de vert, sans zone d'ombre et sans répit nocturne, avec des services qui fonctionnent 24 heures sur 24. Notre regard sur les espaces verts a changé, nous les considérons comme des productions naturelles, en oubliant qu'ils sont tout aussi construits que des bâtiments.

La grande aventure des jardins date de la Renaissance[8]. On y conçoit le jardin comme une représentation géométrique, un moyen de dominer le monde, toujours vu d'en haut. Il est à la disposition des princes et des banquiers, des puissants de la ville. À l'âge baroque, il acquiert un double statut

8. Michel BARIDON, « La Révolution industrielle et les grands parcs urbains en France, en Angleterre et aux États-Unis », in *Le Jardin et la nature dans la cité*, Institut Claude-Nicolas Ledoux, Paris, 2002.

public-privé. Versailles, par exemple, dédié à l'usage du Roi et de ses familiers s'ouvre régulièrement à un public choisi, la Cour, pour l'éblouir. On abandonne le mur qui ceint les jardins de la Renaissance pour des effets d'optique : larges percées à travers le paysage pour dominer et organiser tout un environnement. Depuis toujours, on fait appel à de grands architectes pour dessiner de somptueux parcs urbains. Ils concilient la géométrie avec une nouvelle fluidité paysagère.

Et nous détestons les friches, les espaces vacants, les lieux non aménagés, le vide. L'obsession sécuritaire agit sur chaque morceau urbain. On supporte moins les espaces propices autant à l'anonymat qu'aux interactions et aux rencontres, où par définition on s'expose, on observe, on est observé, où on se croise sans se parler, on s'évite. La ville balisée et contrôlée se doit d'être ludique et sûre, les indésirables en sont bannis[9]. Les SDF résistent et développent une appropriation très personnelle de l'espace public dans ses interstices cachés, dans des recoins, sur des bancs, ils habitent le *dehors*. Alors que les voyageurs de la gare ne font que la traverser, eux tentent d'y survivre. L'espace public devient une sorte de demeure diffuse, délimitée par la répétition de leurs trajets, marquée par quelques effets

9. Isaac JOSEPH, *La Ville sans qualités*, La Tour-d'Aigues, Éditions de l'Aube, 1997.

personnels dissimulés ici ou là. « Ils sont tellement chez eux qu'ils ne voient pas l'absence de murs [10]. »

La transformation de la ville dangereuse en ville aimable est d'abord une question de vocabulaire. Les programmes de logements s'appellent « parc des Iris », « jardins de Bellombre » ou « villa Jacinthe », la moindre annonce immobilière est truffée de « verdure », de « calme » ou de « vue sur jardin arboré ».

La ville, elle, essaie périodiquement de ressembler à la campagne : Paris fait pousser un champ de blé sur l'avenue des Champs-Élysées en une nuit seulement et moissonne dans la bonne humeur le lendemain, la place des Vosges se couvre de lavandes l'espace d'une semaine, grâce une opération de marketing financée par une chaîne de boutiques. Le moindre espace public tente d'apprivoiser un morceau de nature dans une jardinière : les couloirs de bus parisiens, au départ, étaient censés se dissimuler derrière des rideaux de bambous.

Les associations de riverains se mobilisent pour rogner quelques étages au programme immobilier voisin et transformer chaque friche vacante en espaces verts. Quand la place manque, le jardin s'empare des murs et devient vertical : les murs végétaux ont la cote. On en vend désormais en kit pour équiper balcons ou terrasses. Les jardins éphémères installés pour quelques

10. Marc HATZFELD, *Les Dézingués. Parcours de SDF*, Paris, Autrement, 2006, p. 28.

semaines sur la grand-place remportent toujours un immense succès. Aménager des jardins en ville devient la priorité numéro un des élus locaux. Entre 2001 et 2008, par exemple, les Parisiens ont gagné 32 hectares supplémentaires d'espaces verts : en moyenne 15 mètres carrés par habitant, à condition de compter les cimetières et les talus du périphérique.

Ces derniers temps, les jardins ne relèvent plus d'une vision du paysage domestiqué mais s'inspirent clairement de la nature sauvage et de la friche. Le coquelicot a le vent en poupe, ainsi que n'importe quelle brindille, du moment qu'elle semble naturelle. La nouvelle couleur de la ville, c'est le vert. On y a d'ailleurs conquis le droit de marcher sur la pelouse. Une enquête de 2008 indique qu'un quart des Français ne possède pas de jardin privé mais que tous sont favorables à l'augmentation des espaces verts en ville. 56 % souhaitent voir la mise en place obligatoire d'un pourcentage d'espaces verts dans les projets immobiliers et commerciaux[11].

Dans un jardin on s'assoit un moment pour réfléchir, regarder, écouter la conversation des deux dames d'à côté ou ne rien faire du tout, un art rare et difficile qui demande beaucoup d'entraînement.

---

11. Selon Philippe Peiger. Résultats de l'enquête 2008 faite par l'UNEP (Union nationale des entrepreneurs du paysage).

Dans le jardin public

Et encore, après un après-midi dans un square, on s'aperçoit que là aussi il y a du changement...

Cette année, la tendance est à la poussette double. Une poussette de triplés s'arrête à côté de moi. Je m'absorbe dans la contemplation de ces trois gamins, et, quand je relève la tête, j'ai perdu ma petite-fille. L'occasion de remarquer que la tendance est aussi au rose tyrien pour les petites filles. Des dizaines de taches rose vif dansent devant mes yeux ; je ne la vois pas. J'hésite à me lever, je ne retrouverai jamais un banc libre. S'il y avait quelque chose de grave, il y aurait sûrement un attroupement. Je scrute le jardin, pas d'attroupement.

Sur mon banc un papa chinois s'occupe d'une ravissante gamine blonde avec de grands yeux bleus. Est-ce son papa ? Est-il marié à une Danoise ? Est-ce *un* nounou ? Il me trouble. J'hésite. À quel moment décider qu'il vaut mieux perdre sa place sur le banc et partir à sa recherche ? Il suffit de s'imaginer rentrer chez sa fille avec une petite au lieu de deux. Je me lève. Ouf, la voilà. Je me retourne, mon banc est déjà occupé par deux dames et une nuée de petits. C'est normal : qui va à la chasse de petite fille perd sa place.

Je m'installe un peu plus loin dans l'herbe, où il y a une majorité de petits garçons. Bizarre. Je ramasse six fois le hochet de la petite dans son landau et je m'interroge sur cette profusion de poussettes doubles ou triples. Existe-t-il un trouble de la vue qui fait voir les poussettes doubles et les petites filles en rose ?

Les dames chinoises occupent les bancs sud, les dames en boubou tous les bancs à l'ouest. C'est drôle, les dames noires gardent des bébés blancs, mais les dames blanches ne gardent pas de bébés noirs. Par contre, les mamans chinoises s'occupent des bébés chinois.

À proximité de la poussette de triplés, des poussettes doubles à en avoir la berlue. Un modèle face à face sans parapluie intégré, un autre côte à côte, un autre où les enfants sont alignés l'un devant l'autre, c'est sûrement un défilé pour Prénatal ou Natalys. Une quatrième poussette de jumeaux arrive, bébés face à face, modèle confort, maniable en ville, avec pare-soleil, puis une deuxième poussette de triplés débouche de l'allée. Les grossesses multiples augmentent de façon alarmante mais à ce point-là... Je me sens cernée, tout en replongeant délicieusement dans mon enfance peuplée de frères, cousines et tantes jumelles.

Les deux dames des poussettes de triplés saisissent harmonieusement dans un même geste coulant un bébé, le posent dans le bac à sable puis, sans perdre une seconde, attrapent le deuxième pour l'asseoir à côté du premier et, enfin, le troisième qui atterrit délicatement à quelques centimètres du deuxième. Dans le même temps quelques dames de poussettes de jumeaux s'approchent et reprennent ce même geste ample, sans jamais heurter un enfant contre l'autre. Quand je les vois s'asseoir symétriquement aux petits sur le bord du bac à sable et entamer une conversation joyeuse, je comprends que la rationalisation taylorienne n'a pas seulement envahi nos usines et nos bureaux : elle a aussi modernisé le métier de nounou et permis de faire des gains de productivité étonnants.

Des caméras et des réverbères

L'opposition jour/nuit s'estompe. La ville fonctionne de plus en plus tard, les supérettes ouvrent jusqu'à 22 heures voire minuit, de nombreux commerces et services ne ferment plus jamais, les heures de pointe ont quasiment disparu, un Français sur cinq travaille le dimanche. Et combien la nuit ?

L'intensification de l'activité nocturne est indéniable, le grignotage des « temps morts » impressionnant. La nuit est devenue un temps de travail comme les autres, pas seulement réservé aux insomniaques. On ne sait plus si c'est bien ou mal, c'est simplement banal. La cohabitation s'avère difficile, les livraisons en pleine nuit ou le bruit des trains, des camions et des avions posent problème, malgré une réglementation sévère qui concerne l'heure de fermeture des magasins, bars et boîtes ou le ramassage des poubelles. Des conflits d'usage naissent. La nuit, une nouvelle frontière se dessine, celle du bruit[12].

En devenant urbaine, la nuit perd son côté sauvage et obscur. L'électricité généreuse baigne de lumière l'environnement du piéton nocturne pour qu'il se sente, à juste titre, en sécurité. Elle fabrique un *non-jour artificiel.* Les guetteurs et les îlotiers d'antan sont remplacés par des caméras et des réverbères. « Il semble que nous soyons devenus étrangement inconscients de l'éclairage abusif » écrivait dès 1933 Tanizaki Junichirô dans son merveilleux livre *Éloge de l'ombre*[13].

Pourquoi ne supporte-t-on plus l'opaque et le caché ? C'est à relier au sentiment d'insécurité bien sûr, mais pas seulement. La nuit appartient à la sphère intime, à la suspension du temps et des activités, à la pause, à l'immobilité, au face-à-face avec soi-même. Est-ce tout cela qui n'est plus acceptable ? Notre volonté de nous affranchir des contraintes et de tout voir, notre soif de transparence sont convoquées ici comme notre impossibilité à nous arrêter.

---

12. Luc GWIAZDZINSKI, *La Nuit dernière frontière de la ville*, La Tour-d'Aigues, Éditions de l'Aube, 2005, p. 78.

13. Junichirô TANIZAKI, *Éloge de l'ombre*, Aurillac, Publications orientalistes de France, 1977.

Un espace public ambigu

L'espace public avec ses rues et ses places agrémentées de mobilier urbain, ses parcs et jardins semble de prime abord un endroit neutre, mis à disposition de chacun en toute liberté. Mais c'est une impression trompeuse. Essayez de piquer un sprint dans la rue sans être habillé en jogger, et vous verrez. Installez-vous pour faire de la musique un autre jour que le 21 juin, et vous verrez. Théoriquement ouverts, les espaces publics sont aussi des espaces d'interdiction, conçus pour intercepter, rejeter ou filtrer tous ceux qui prétendent y séjourner trop longtemps ou s'y comporter autrement. Stephen Flusty parle d'« espace d'interdiction[14] ». Sans avoir recours forcément au mur, à la clôture ou à la limite franche, il existe de multiples moyens de rendre un lieu *piquant* ou *épineux* : les jardins publics en sont farcis. Des bancs au dossier trop raides empêchent de s'installer confortablement, des pelouses parsemées de têtes d'arrosage automatique, des rebords inclinés qui interdisent de s'asseoir.

Paradoxalement, la trépidation urbaine est encore possible, à condition qu'elle soit sportive et ludique. Elle se rapproche alors de la nature, et des activités de

---

14. Stephen FLUSTY, *Building Paranoia. The proliferation of interdictory space and the erosion of spatial justice*, Los Angeles Forum for Architecture and Urban Design, West Hollywood, 1994.

plein air dévolues aux paysages naturels. Il est permis de transformer la cité en terrain de jeu, en parcours sportif de glisse ou d'escalade. La nouvelle mode des *street wars* en témoigne. Il s'agit d'une guerre ludique (?) en faux mais pour de vrai, ou en vrai mais pour de faux. Les participants reçoivent les coordonnées (adresse du domicile et du lieu de travail, photo) des personnes à abattre exclusivement dans la rue (à coups de pistolet à eau). Le dernier survivant empoche une somme d'argent.

Un décor de fiction

Pourquoi ne pas supprimer les inconvénients inhérents à toute cité ? Pourquoi ne pas aller encore plus loin en créant une cité sûre, verte et propre pour une clientèle choisie ? Pourquoi ne pas fabriquer un décor pour raconter une fiction agréable et sans imprévu ? On sait reconstituer des fragments urbains, sans nuisances, sans voitures, sans odeurs. L'urbanité devient un nouvel objet de consommation. Une sorte de paradis urbain sur terre.

Mike Davis pense que l'appétit croissant des jeunes Américains pour les espaces publics et l'échelle du piéton et la demande de « sensations urbaines » s'explique, entre autres, parce qu'ils en ont été privés petits[15]. Bien avant

15. Mike DAVIS, *Au-delà de Blade Runner*, *op. cit.*

cette analyse du sociologue, Disney fonde dès 1982 une ville nouvelle Epcot *(Experimental prototype community of to-morrow)* à côté d'Orlando, pour 20 000 personnes, avec l'aide de Victor Gruen, l'inventeur des centres commerciaux américains. Sa mort interrompt l'expérience, Epcot reste finalement un parc de loisirs qui accueille, dans une partie, les pavillons de onze pays à l'instar des expositions universelles.

Inaugurée en 1996, Celebration est construite sur des terrains appartenant à Disney. Entourée d'une immense ceinture verte paysagère qui fait office de clôture, Celebration se présente comme une alternative aux banlieues dégradées, une ville refuge pour 20 000 habitants s'inspirant d'un passé idéalisé avec une profusion de pavillons d'architecture traditionnelle. Un nouvel art de vivre pour les classes moyennes qui repose sur l'entre-soi, le bon voisinage, la mixité des activités (mais sans mixité sociale). Les habitants acceptent de se soumettre à un règlement intérieur draconien qui définit les moindres détails de la vie quotidienne.

C'est une récupération du *new urbanism* d'origine anglo-saxonne. Ce dernier entend lutter contre l'expansion des banlieues nord-américaines en proposant une ambiance plus européenne et plus dense, mêlant différentes fonctions et privilégiant le piéton. Cela donne des quartiers très uniformes avec des façades qui semblent en carton, où chacun ressemble à son voisin. Le film *The Truman Show*, en 1998, met en scène une ville et des habitants factices et un vrai héros qui découvre la supercherie en voulant sortir de cet univers fabriqué.

Les Français ricanent ? Le centre commercial Val d'Europe à Marne-la-Vallée, conçu également par le groupe Disney, et son architecture de pastiche remportent pourtant un franc succès. Comme le quartier avoisinant, ce n'est plus une variation française d'un modèle américain, mais la « coprésence des deux modèles dans une même réalisation[16] ». Ces deux projets privés ont vu le jour grâce à la vente par l'État des centaines d'hectares achetés au départ pour Marne-la-Vallée, « car Disney ne veut pas de HLM au pied du château de la Belle au bois dormant ».

Val d'Europe, 20 000 habitants encore, à croire que c'est un chiffre magique, en accueillera 40 000 ou 50 000 à l'échéance 2020 à 32 kilomètres de Paris, dans une architecture d'inspiration néoclassique parisienne avec attiques, frontons et colonnes. Les appartements sont plus petits, la cuisine ne se trouve plus au fond d'un immense couloir pour éviter les odeurs ou une promiscuité trop grande avec les domestiques, vu qu'il n'y a plus de domestiques et que plus grand monde ne cuisine. Il y a aussi des arbres, une brasserie, des bancs typiquement parisiens, du mobilier urbain.

---

16. GianPiero MORETTI, « Expériences urbaines et architecturales du commerce en France : emprunts, innovations et regards croisés avec les USA », *Espaces et société*, 107, 2001.

Les flèches du château de la Belle au bois dormant remplacent le clocher de l'église. Une expansion qui semble sans limite : à six kilomètres de Disneyland, un village nature est en projet. Un nouveau parc sur le thème du développement durable avec activités de loisirs mais aussi, à l'horizon 2010, 5 000 maisons et appartements de résidences de tourisme pour 20 000 à 25 000 personnes. Le tout réparti en villages lacustre, forestier, etc.

À défaut de ville créée *ex nihilo*, des quartiers entiers se couvrent de pseudo-immeubles haussmanniens. Les promoteurs adorent, les acheteurs aussi. Un décor à la Disneyland envahit les rues, agrémenté de grilles, où l'on vit entre soi. Autre grande tendance, le complexe d'habitations autour d'un port ou d'un lac qui donne une impression de vacances en pleine ville comme Lyon Confluence, ou Port Cergy. Il faut souligner toutefois que c'est une alternative intelligente à la maison individuelle dévoreuse d'espace. En effet, dans ces nouveaux quartiers la densité est élevée et le nombre important d'habitants permet la construction d'équipements publics indispensables.

De même, de nombreux villages à l'architecture harmonieuse se restaurent et se transforment en gigantesques centres commerciaux à ciel ouvert comme Riquewihr, à côté de Mulhouse. Les voitures et les cars de touristes sont parqués en bas, et un flot ininterrompu de touristes grimpe la grande rue, comme un nouveau chemin de croix où les stations sont désormais le glacier, le marchand de gaufres puis celui de cartes postales. Arrivés en haut, ils jettent un coup d'œil distrait à la façade de l'église et s'empressent de redescendre pour explorer l'autre trottoir de magasins. En effet, la foule est tellement dense qu'il est périlleux d'aller d'une boutique à celle d'en face et chacun tient soigneusement sa droite. Aucune construction nouvelle ne sera jamais tolérée dans le périmètre historique, tout est tellement léché et fleuri qu'on éprouve le besoin de toucher la glycine pour vérifier qu'elle n'est pas en plastique...

Autre projet à suivre: la reconversion des mines du Pas-de-Calais. Une véritable ville se dessine pour 2010 au pied des terrils sur le modèle d'une cité lacustre, dont le point d'orgue sera un pont habité de 300 mètres de longueur, sur un lac artificiel, avec marché, centre commercial, logements sociaux, bureaux, pour 5 000 à 6 000 habitants, mais aussi des pistes de ski et de kart, et une forêt pour enchanter 3 000 à 5 000 visiteurs. Il semble impossible d'imaginer aujourd'hui la fabrication de l'urbanité sans un lac artificiel ou un port, à la rigueur un golf. Le haut-fourneau rénové ou le terril recouvert de délicates plantations témoigneront de la mémoire du lieu.

La ville bouge sans cesse et se reconstruit aussi sur elle-même. Les anciennes emprises industrielles ou ferroviaires laissent place à des logements regroupés autour d'un morceau de verdure. Les identités multiples et les antagonismes disparaissent. Une même volonté est à l'œuvre : effacer la diversité, la brutalité, faire coquet et, quand le site s'y prête, donner une ambiance de loisirs. Ce glissement vers un « décor uniforme mais riant » témoigne peut-être d'une impossibilité à penser la ville sans puiser des références du côté d'un imaginaire extrêmement stéréotypé de vacances.

Citadins ou « campagnards » : des modes de vie similaires

Finalement, on a réussi un tour de force extraordinaire : créer des modes de vie quasi identiques pour tous. Désormais, la cité comme la campagne « se consomment ». On réclame toujours le même produit. Lorsqu'on sort de chez soi, on fréquente, grâce à la voiture, les mêmes « commodités » : centres commerciaux, chaîne de restauration rapide, cinémas multiplex, etc.

Qu'on habite en ville ou « au vert », le repli sur la sphère individuelle est patent. Au nom de l'hygiène et de la sécurité, on pratique de plus en plus d'activités, jadis collectives, chez soi : cinéma, piscine. Rien de plus consternant, quand on survole n'importe quelle agglomération au sud de la Loire, que de voir ces lotissements en étoile, organisés autour d'impasses où chacun possède son portique et sa minuscule piscine. Vus d'en haut, on dirait des petits haricots médicaux. Est-ce qu'une grande piscine collective et une véritable aire de jeux ne seraient pas plus agréables pour se dépenser physiquement et recréer du lien social ? Cet individualisme crée un monde très ennuyeux, ni véritablement urbain, ni campagnard. Tous s'accordent sur une représentation édulcorée de la ville et fade de la campagne, mise en scène dans toutes les publicités.

Le quartier ou le centre du petit village se doivent d'être animés de petits commerces pratiques. Mais tout le monde se précipite à l'hypermarché voisin, théoriquement moins cher et surtout plus pratique pour se garer. Cela n'empêchera pas de se lamenter quand le boucher ferme au profit d'un magasin franchisé. À la campagne comme en ville, on apprécie le crémier ou le poissonnier ; leur seule présence garantit authenticité et pittoresque.

Les modes de vie du périurbain ou du citadin se confondent de plus en plus, avec pour le premier un temps passé en transport beaucoup plus long. Mais tous deux, de façon à peine différente, vivent non plus dans un environnement rural ou urbain, mais dans un décor plus ou moins factice, censé donner un corps et une âme à un univers qui ne ressemble plus à rien.

3
Des palais de la République aux hôpitaux

> L'espace est la forme de ma puissance,
> le temps de mon impuissance.
>
> Jules LAGNEAU

LES LIEUX INSTITUTIONNELS DU POUVOIR, de l'enseignement ou de la santé reposent sur l'autorité et une certaine soumission des corps et des esprits, avec un fonctionnement relativement clair à décrypter. Ici, le temps s'arrête momentanément, parfois définitivement. On meurt beaucoup plus à l'hôpital que chez soi. En tout cas, une immobilité passagère est soit requise, soit possible. Pour Michel Foucault, la finalité de nombre de ces lieux reste de « surveiller les individus et les corriger dans les deux sens du terme, c'est-à-dire les punir ou les pédagogiser[1] ». Effectivement, ils assurent,

1. Michel FOUCAULT, *Surveiller et punir*, Paris, Gallimard, 1975.

par leur aménagement même, différentes fonctions : l'autorité, la soumission, la transmission.

L'autorité s'appuie encore sur des aménagements purement spatiaux peu assujettis aux technologies électroniques. Prenons le monastère. Ce lieu extrêmement normé perdure sur le même modèle au travers des siècles. Les plans établis des centaines d'années auparavant restent les mêmes sans modification majeure, un règlement précis détaille chaque heure de la vie quotidienne. On en connaît les lois, on choisit d'y venir, on s'y plie ou on le quitte car il n'y a pas de place pour la dissidence ou la transgression. Le monastère est exemplaire par sa façon d'offrir dans un même lieu des possibilités de repli individuel ou d'échanges collectifs uniquement par la pratique (ou non) du silence. Selon les moments, l'église est à la fois espace de méditation solitaire ou expression de la communauté, comme le réfectoire ou le cloître. Grâce à ces heures imposées de silence, et même en l'absence de cellules individuelles ou de lieux privatifs, chacun conserve une certaine intimité malgré la vie en collectivité.

Les palais de la République

D'un point de vue historique, patrimonial et politique, les palais de la République perdurent de siècle en siècle. On les entretient amoureusement. Immuables, ils génèrent des comportements strictement codifiés. Pourtant l'exercice du pouvoir ne passe pas automatiquement par des lieux exceptionnels : Chacun connaît l'exemple des pays nordiques où un ministre ne se sent pas tenu d'occuper un hôtel particulier du XVIIe siècle et ne s'entoure pas immédiatement d'une cour de trente conseillers. Une sobriété qui ne l'empêche pas de remplir ses fonctions. Mais notre culture associe pouvoir et autorité à des espaces vertigineux décorés de boiseries dorées.

Le vide de l'espace renvoie-t-il, inconsciemment, à la vacuité de ses occupants ? Pierre Legendre, dans son film *La Fabrique de l'homme occidental*, montre magistralement ce rôle de l'espace pour asseoir la légitimité de celui qui exerce le pouvoir, en prenant l'exemple de la construction par l'architecte Nervi de la salle d'audiences du Vatican, avec l'impression d'écrasement qu'elle doit produire, les distances réglées comme du papier à musique avec le siège papal : une certaine proximité par le regard évite que les visiteurs se sentent de simples spectateurs plus ou moins concernés.

La dimension symbolique est indéniable, les signes de hiérarchie patents. L'Assemblée nationale ou le Sénat, les cours de justice pourraient-ils se suffire d'un cadre ordinaire débarrassé de la présence des huissiers en tenue ? Pour avoir été un jour tirée au sort comme jurée dans une cour d'assises, j'ai pu mesurer l'importance du rituel et le poids de l'aménagement pour

« soutenir » l'action. Tout est codifié et chacun joue son rôle. Pour incarner la nation, l'ordre, l'autorité ou la justice, on recourt à tout un cérémonial mais parfois ce dernier prend toute la place...

Les ministères restent et leurs occupants passent. Est-ce à cause de l'emprise du lieu ? Les hommes politiques, quelles que soient leur personnalité et leur orientation politique, apprennent très vite le comportement stéréotypé requis. Un lissage se produit, l'espace du pouvoir déteint. La proposition de l'architecte Roland Castro de reconstruire les ministères dans les banlieues sensibles a provoqué un ricanement unanime. Une boutade reste tout de même plus sympathique qu'un débat compliqué sur les symboles de la nation. Ainsi, le fauteuil du président de la République, installé dans la loge présidentielle de l'Opéra de Paris, était, dans les années 1980, (mais je ne sais pas si c'est encore vrai aujourd'hui), discrètement surélevé.

Couché, on ne voit pas la même chose

L'hôpital demeure, par excellence, le lieu de la soumission des corps au pouvoir médical. Impossible d'échapper à cela. La personne couchée ne perçoit pas le monde de la même façon. C'est une première évidence qu'on oublie. Et si on ne peut pas révolutionner le fonctionnement très technique d'un hôpital, on pourrait toutefois se pencher sur la relation du lit à la fenêtre. Des architectes brillants, comme Pierre Riboulet, ont cherché, malgré les contraintes, à concevoir des chambres qui favorisent l'autonomie des malades. Ainsi, pour l'Institut du cerveau, il a dessiné une petite fenêtre supplémentaire à hauteur du lit, pour que la personne totalement immobilisée puisse quand même regarder dehors. Dans d'autres réalisations hospitalières, il a redonné une échelle humaine avec des balcons et des terrasses accessibles depuis les chambres organisées autour de larges patios arborés.

Deuxième évidence : la qualité de l'accueil et de l'attente dépend aussi de la qualité des espaces. Combien de cabinets médicaux à l'hôpital ou ailleurs sont aussi aimable qu'une prison ? Les dimensions du bureau du médecin, par exemple, ne font pas l'objet d'une réflexion. Trop étroit, le bureau induit une relation trop proche ; trop large, c'est l'inverse, le patient ne se sent pas écouté. Dans ces métiers fondés sur la relation, on pourrait réfléchir à la place de l'ordinateur. Souvent, le médecin garde l'œil rivé à son écran, trop heureux d'échapper au regard anxieux de son patient, et tapote avec deux doigts son clavier comme un fonctionnaire de police. L'ordinateur devient une sorte de partenaire silencieux, un tiers important dans la relation médicale.

Les couleurs sont généralement absentes de ces lieux immenses qui répondent à des programmes complexes.

La technique et la facilité de nettoyage priment. Mais on souhaiterait quelquefois aux architectes de faire un séjour dans un hôpital ordinaire avant d'en concevoir un.

Apprendre à s'écouter

L'école est le lieu de la transmission : un enseignant face à ses élèves dans un lieu clos, des tables tournées vers une estrade et un tableau. L'école primaire à aires ouvertes de Saint-Merri à Paris (conçue par l'architecte Jean Renaudie) expérimente depuis des dizaines d'années un autre fonctionnement spatial. Sur un plateau, trois classes de même niveau sont regroupées sur un plan cruciforme, chacune occupant une des branches. Au milieu on trouve les bureaux des enseignants. Aucun mur ne sépare les classes.

Cet aménagement oblige chacun à ne pas crier : les enfants apprennent dès leur plus jeune âge à s'exprimer sans hurler et à s'écouter. L'enseignant perd effectivement un lieu clos où il est seul maître à bord, au profit d'une coopération et d'une entraide avec deux autres collègues. Cela suppose une bonne entente entre les trois, car agir sous le regard (et donc le contrôle) de ses pairs peut se révéler déstabilisant. Par contre, l'espace permet (ou impose ?) une pédagogie différente. Les professeurs se concertent, font cours à leur classe ou à celle de leur collègue, redistribuent les enfants par groupe de niveaux selon les activités, désamorcent collectivement toute situation d'énervement ou de conflit. Chacun apprend à vivre ensemble et périodiquement, lors des conseils de vie scolaire, enfants et enseignants échangent et reprécisent les règles communes. Saint-Merri offre donc un espace très contraignant, aux potentialités extraordinaires à condition d'en comprendre le mode d'emploi et de s'y adapter. Cette école demeure une exception. Tout en remplissant parfaitement sa mission, elle assure de bonnes conditions de vie aux enfants et à l'équipe enseignante.

Les écoles construites au XIXe siècle, avec leurs vastes salles de classe, les gigantesques couloirs partiellement vitrés et la cour au milieu, répondaient parfaitement à ces mêmes objectifs : surveiller et discipliner les enfants, magnifier l'enseignement par une hauteur sous plafond écrasante. Leur architecture même limite les adaptations. Finalement, seule la disposition des tables au sein d'une classe peut changer. Les constructions actuelles de collèges ou lycées revisitent souvent avec bonheur la cour et le préau et offrent des espaces collectifs gais et chaleureux mais l'organisation générale n'évolue guère. Les salles des professeurs demeurent sinistres et exiguës et n'invitent pas à y séjourner et à y travailler. On ne considère pas ces édifices comme de véritables lieux de travail pour les enseignants (hormis leur salle de classe) L'espace pourrait-il jouer un plus grand rôle dans la transmission du savoir et la réussite de l'école ? La question est ouverte.

On voit que l'aménagement est capable d'induire un fonctionnement rigide ou d'encourager des fonctionnements alternatifs. Encore faut-il avoir le désir ou la volonté d'expérimenter d'autres formes d'enseignement ou de partage du savoir puis de concevoir des espaces adaptés et adaptables...

Le silence

Bibliothèques et médiathèques restent encore un des derniers bastions gratuits et chauffés, confortables, ouverts à tous. Là encore, l'espace très réglementé impose des normes claires. Le silence, la possibilité d'emprunter ou d'emporter quelque chose qui ne vous appartient que quelques minutes ou quelques jours. On peut y venir toute la journée, sans ouvrir un seul ouvrage, à condition de ne pas déranger les autres. Certains Parisiens se souviennent de la grande salle gratuite de journaux et de périodiques, directement accessible du hall de Beaubourg. On y entrait sans faire deux heures de queue pour lire la presse française et internationale, ou feuilleter les derniers livres parus.

La bibliothèque, pour beaucoup, c'est d'abord un sentiment de familiarité. Les règlements et usages sont *grosso modo* les mêmes que ceux du CDI de l'école primaire. On y goûte une ambiance sonore particulière. De multiples petits bruits se mélangent dans un faux silence : chuchotements, pages qu'on tourne, clapotis des ordinateurs. La flânerie est autorisée, valorisée et, surtout, elle ne se solde pas, au bout du compte, par une transaction marchande. Dans une bibliothèque, c'est un peu comme avec la radio, on passe d'une station à l'autre. On s'attarde devant une étagère. On picore d'un livre à l'autre, on découvre un ouvrage « jamais lu » qui sent encore le neuf, coincé entre deux volumes fatigués. Certains sont annotés par des lecteurs hystériques et mal élevés. Les plus énervants entourent une faute d'orthographe et mettent plein de points d'exclamation et de stupeur dans la marge. On lit ou on emmène chez soi des livres pris au petit bonheur la chance. Le mobilier banal sort souvent d'un catalogue spécialisé pour collectivités, mais il n'arrive pas à détruire cette atmosphère si particulière, entretenue par des personnes compétentes qui désherbent régulièrement les rayonnages et jardinent avec soin. C'est un endroit où l'on peut passer des heures sans que personne ne s'inquiète de votre présence.

En définitive, ce sont des lieux, où l'on peut encore s'arrêter. Des lieux institutionnels théoriquement ouverts à tous et gratuits, des parcs et jardins parsèment la ville, derniers vestiges d'un monde disparu, à l'écart de la consommation. À condition d'en comprendre le mode d'emploi, de s'y comporter *normalement*, et ce *normalement* peut prendre différentes formes ; on peut en profiter en toute quiétude et s'y asseoir. Dans une église, par exemple, on ne vous demandera pas pourquoi vous êtes là. Aucune transaction n'est requise si ce n'est entre vous-même et Dieu.

Une visite à Notre-Dame

Quand on s'approche, on est pris par les chants religieux. Ensuite on remarque les haut-parleurs extérieurs sur la droite. Est-ce pour rappeler que Notre-Dame est aussi une église ?

Sur le parvis, ce qui prime, ce sont les interdits ; « Silence, prière » est écrit en quatre langues. « Attention aux pickpockets » en français seulement. Et pour éviter de recouvrir entièrement les statues du porche de panneaux, des pictogrammes compréhensibles par les touristes du monde entier sont regroupés à gauche, interdisant le téléphone portable, le roller, les glaces, les sandwichs, les cigarettes, les chiens et les chapeaux.

La porte permet de passer en douceur des chants grégoriens à un orgue un peu poussif, ce jour-là.

À l'intérieur, une vraie ville avec ses boutiques, ses gardiens qui organisent la circulation, ses mendiants, dont curieusement une bonne sœur, assise sur une chaise avec une coupelle qu'elle agite en faisant tinter les pièces.

Est-ce une mendiante déguisée en bonne sœur ou une vraie bonne sœur ?

Il y a beaucoup de bruit à Notre-Dame. Au moment où j'entre, une voix surgit d'un micro invisible : « Bonjour et bienvenue à Notre-Dame de Paris, une visite en français vous est offerte par la cathédrale. Il vous sera montré le message de Notre-Dame à travers etc., etc. » Annonce uniquement en français. C'est sobre, les bateaux-mouches sont beaucoup plus bavards.

La foule piétine, en essayant de ne pas faire claquer ses souliers sur le dallage de marbre. On a aussi l'étrange impression de faire des photocopies sans rabattre le couvercle de la photocopieuse, à cause des nombreux éclairs des appareils photo, ou encore la sensation d'être au milieu d'un orage sans tonnerre. Ce bruit incessant en vagues, ces flashs ininterrompus, la foule, les murmures, les bruits de pièces : on imagine que c'était comme ça une cathédrale au Moyen Âge. La nef reste un lieu calme, entourée de piquets et de barrières pour la protéger non pas des manifestants mais des touristes. D'ailleurs, c'est l'inverse qui se passe, au milieu il est d'usage de manifester sa foi.

On peut s'installer, méditer, prier, écouter l'orgue – l'organiste a changé de rythme, il joue un morceau beaucoup plus joyeux –, reposer ses pauvres pieds éreintés. Nouvelle annonce identique à celle de tout à l'heure, apparemment c'est tous les quarts d'heure, reposer ses pauvres pieds donc, barrer de sa liste : visiter Notre-Dame, préparer la suite de son périple à grand renfort de guides et de plans de métro.

L'art d'inventer d'autres lieux

Certains espaces sont plus ou moins « neutres » que d'autres, par la multiplicité des usages possibles, et leur capacité à se transformer. L'architecte Jacques Ferrier raconte que, enfant, il aimait se perdre et se dissimuler dans l'espace changeant des vignobles, et comment les vignes s'animent dès qu'on se déplace[2]. Je crois, dit-il, « à l'architecture des espaces neutres, ceux qui se développent sur une géométrie sans afféterie, des espaces qui n'imposent rien, mais qui sont au contraire des supports disponibles sur lesquels la société va pouvoir installer toutes sortes d'usage ». Pourtant, la plupart des lieux de notre époque se revendiquent de la mobilité, de l'activité et de la consommation. Comment échapper à cette norme ? Reste-t-il encore des espaces alternatifs ouverts ?

Le Viel Audon est une aventure hors du commun. Quatre copains dans les années 1970 tombent sur les ruines d'un hameau au bord de l'Ardèche. Pendant

2. Alain BERTHOZ, Robert RECHT (sous la direction), *Les Espaces de l'homme*, Paris, Odile Jacob, 2005, p. 356.

trente ans, ils tiennent un « chantier ouvert au public[3] », accueillent des jeunes, font de la formation, créent une écoferme. Plus de 10 000 personnes participent de près ou de loin à la remise en état du village. Comme si cela ne suffisait pas, ils remettent en service une filature ardéchoise au nord du département, dans une démarche associative et coopérative (Ardelaine). Le Viel Audon a deux particularités : il n'y a pas d'électricité[4] ni de route directe. Il faut marcher dix minutes pour accéder au village. Cela semble anodin et probablement que cela change tout. Ces dix minutes ne sont-elles pas un temps de pause indispensable ? Ce qui était ordinaire quelques dizaines d'années auparavant devient singulier. Dans les villages voisins en hameaux ou en lotissements, on dépose les enfants à l'école en voiture, ici, ils marchent, comme les adultes obligés d'anticiper, de s'organiser et de gérer leur approvisionnement et leur vie quotidienne. Une façon simple de prendre en main son mode de vie ?

Patrick Bouchain, architecte inclassable, travaille depuis longtemps sur une architecture éphémère et durable, conçue dans les interstices de la ville, dans les friches urbaines délaissées et rejetées par la société. Lui aussi pratique le chantier ouvert au public, et

---

3. Béatrice BARRAS, *Chantier ouvert au public. Le Viel Audon, village coopératif*, Éditions Repas, 2008.

4. Elle est, depuis peu de temps, fournie par des capteurs solaires.

accompagne les transformations de la friche La Belle de Mai à Marseille pour répondre aux attentes et aux besoins des utilisateurs. Le programme évolue en fonction des rencontres. Rien n'est figé définitivement. Rien ne doit durer éternellement. C'est une réappropriation collective d'espaces abandonnés, récupérés et réemployés dans un programme évolutif, aux frontières mouvantes, en concertation avec les habitants voisins. Fruit d'une réflexion sur la consommation et d'un désir de se libérer de l'emprise de la voiture. D'autres projets sont à l'étude aujourd'hui, notamment celui des Graines Urbaines à Rennes qui regroupe une quinzaine d'adultes et leurs enfants. Ils étudient un habitat collectif alternatif avec jardin et potager s'appuyant sur la mutualisation des espaces et des équipements de la maison. Affaire à suivre...

J'ai choisi ces deux exemples parmi tant d'autres, car ils ne sont pas *fermés* ni *sécurisés*, mais ouverts à toutes sortes de publics. Chacun a son mot à dire s'il s'implique. Ils se dégagent des stéréotypes actuels sur la peur du vide, la peur de l'autre et la fuite dans une mobilité sur quatre roues.

Ces expérimentations présentent de nombreux points communs : la prise de distance face à une mobilité imposée, l'intégration des problématiques du développement durable avec le recyclage et le réemploi, l'utilisation d'énergies renouvelables, la volonté d'un mode de vie raisonné et l'implication forte dans la société et l'économie. Ces aventures collectives remettent en scène le lieu-dit, le local, la mémoire, sans pour autant tomber dans une perspective nostalgique. Il ne s'agit pas de vivre en autarcie entre copains avec quelques chèvres, mais de promouvoir un nouveau « vivre ensemble » sur d'autres bases, ancré dans un site précis. On le redécouvre et on met en valeur son histoire.

Ils témoignent d'un engagement social, voire politique, notamment Le Viel Audon qui accueille depuis trente ans, chaque année, des populations hétérogènes en grande difficulté qui viennent s'agréger et construire quelque chose ensemble.

Enfin, ces projets s'inscrivent dans un temps long, avec de multiples intervenants et des discussions interminables ; les résultats sont progressifs, et chaque étape une victoire. Un processus totalement à contre-courant des pratiques courantes. Ils nous montrent qu'il est possible de se dégager de l'emprise du moule, et qu'on peut réinterroger des normes de confort considérées comme allant de soi ou une vision exclusivement « consommatrice » pour reprendre une place d'acteur et de producteur. Et produire des espaces totalement singuliers à l'opposé des espaces dupliqués...

4
DES ESPACES DUPLIQUÉS

L'urbanisme commercial se caractérise par des contrastes brutaux qu'il conviendrait d'atténuer dans de nombreux cas. Ces contrastes sont sans doute efficaces dans la mesure où ils désorientent et ne laissent plus subsister que le rapport entre le client et le service qu'il vient se procurer. Il n'est pas certain que la frustration qu'engendre cette simplification ne soit pas préjudiciable à terme aux intérêts du commerce.

Antoine PICON, « Ville, territoire et consommation de masse », in *Architecture et urbanisme commercial.*

LEUR SLOGAN POURRAIT ÊTRE celui des hôtels Holiday Inn dans les années 1970 : « La meilleure surprise est l'absence de surprise[1] ». Centres commerciaux, hangars des entrées de ville, fast-food, espaces tertiaires, motels, hôtels, chaîne de boutiques, stations-service, etc.,

1. Bruce BÉGOUT, *Lieux communs. Le motel*, *op. cit.*, p. 127.

tous ont en commun d'être reproductibles à l'infini. Conséquence naturelle de la mobilité, ils ne peuvent jamais lui échapper.

L'espace dupliqué fait penser à la fonction copier/coller de l'ordinateur avec ses aménagements rigoureusement identiques, interchangeables et juxtaposés à la lisière des villes. Chaque entité répond à une fonction précise, sans vision d'ensemble ou souci de l'environnement. Il en découle un effet d'empilement qui témoigne de l'impuissance des politiques de la ville et donne une transcription spatiale et visible de la mondialisation.

En s'affranchissant du lieu *(topos)*, il offre des espaces familiers d'un bout à l'autre de la planète. Situé à Bombay ou en banlieue parisienne, un *call center* reste un *call center*. Le matériel est le même, les procédures de travail identiques, les tables sont éloignées des baies vitrées. Et, de toute façon, les cadences soutenues interdisent de lever le nez de son écran.

À New York, Singapour ou Barcelone, l'occupant d'un d'hôtel de luxe ne change guère ses habitudes. Sa chambre ne lui procure aucun étonnement, seule la robinetterie complexe de sa salle de bains lui pose quelques problèmes. L'espace dupliqué ne requiert pas d'effort d'adaptation et plonge chacun dans une certaine torpeur. Chaque chose est à sa place. À une époque où la vitesse et les déplacements dominent, il permet toutefois de s'économiser, de s'abstraire provisoirement dans sa petite bulle personnelle. On contemple de sa fenêtre, en toute sécurité, un univers lointain et informe. On appartient bien au monde moderne. On repousse ainsi la sensation bizarre, éprouvée parfois dans certains pays déshérités, d'être dans un autre temps et une autre époque.

L'espace dupliqué s'apparente certainement aux non-lieux étudiés par Marc Augé. Son concept connaît un franc succès depuis 1992[2]. Pas un ouvrage de géographie, d'urbanisme ou de sociologie urbaine n'omet d'y faire référence, pour souligner une convergence ou une divergence. Pourtant, ce concept n'a pas réellement donné naissance à de nouveaux outils pour appréhender l'espace actuel[3]. Pour lui, les non-lieux sont autant ces équipements ordinaires dévolus au transport, au commerce et au loisir (gares, aéroports, autoroutes, grands hôtels, chaîne de magasins) que le voyage touristique. Pour simplifier, on pourrait dire que ce concept exprime l'absence, l'absence de l'Autre. Antoine Picon note que ces endroits improbables aux dimensions presque exclusivement marchandes, pourraient finalement demeurer les seuls espaces publics des

2. Marc AUGÉ, *Non-lieux. Introduction à une anthropologie de la surmodernité*, Paris, Seuil, 1992.

3. Mis à part la critique du lieu de Benoît GOETZ, *La Dislocation*, Paris, Éditions de la Passion, 2001 ; voir aussi le livre de Chris YOUNES, Michel MANGEMATIN (sous la direction), *Lieux contemporains*, Paris, Descartes et Cie, 1997 ; et celui d'Antoine PICON, *La Ville, territoire des cyborgs*, Paris, Éditions de l'imprimeur, 1998, p. 27.

nouvelles villes-territoires quand le reste des villes se fragmente et se privatise.

Dans cette perspective, Thierry Paquot se demande si le non-lieu exemplaire n'est pas la télévision qui donne à voir « des gens en leurs lieux, pour de vrai, mais sans aucun contact, sans aucune relation, comme une équation à deux inconnus, à deux solitudes : le regardant et le regardé[4]. »

Malgré la richesse du mot qui évoque immédiatement la justice, le bon droit, l'impunité, mais surtout l'absence, le terme semble néanmoins réducteur. Disséminés partout et utilisés par des personnes anonymes, tour à tour usagers, clients, passagers, les non-lieux ont aussi leur vie propre, à défaut d'une singularité visible à l'œil nu. De fait, beaucoup y travaillent et y séjournent chaque jour. D'ailleurs, la caméra des réalisateurs nous en donne une vision plus personnelle avec des documentaires ou des films tournés dans des aéroports, des gares, sur des aires d'autoroute[5]. La notion d'espace dupliqué me paraît plus ouverte, car elle ne gomme pas les pratiques possibles et les usages inattendus.

Sa fonction première reste d'abriter pour un temps plus ou moins long un public et de le captiver au

---

4. Voir la contribution de Thierry PAQUOT au livre de Chris YOUNES, Michel MANGEMATIN (sous la direction), *Lieux contemporains*, *op. cit.*

5. Un film de François DUPEYRON, *Drôle d'endroit pour une rencontre,* 1988 ; un film de Roch STÉPHANIK, *Stand-by*, 2000.

double sens du terme : le garder captif, mais aussi l'enchanter. Conçu par des ingénieurs et des gestionnaires, il fonctionne souvent sur une logique de flux et de mouvement, il attire, draine et gère des foules. Son apparence banale et la familiarité que nous en avons occultent cet aspect technique.

En France, les entrées de ville accueillent les PAC (parc d'activités commerciales), une spécialité bien de chez nous. Des boîtes recouvertes de bardage gris ou bleu aux enseignes agressives, parées d'oriflammes de couleurs vives, mangent sans fin les lisières de la ville, à l'aide de routes, rocades et ponts accompagnés d'une signalétique pour presbyte avancé. « Un Martien qui viendrait visiter la France dirait : j'ai visité des villes, elles s'appellent toutes Darty ou Décathlon[6] ! » souligne un maire.

Tout le monde les connaît, donc. Ces boîtes n'offrent aucune recherche sur les formes ou les matériaux : pas de vitrines ni de plantations autour, pas de trottoir ou de mobilier urbain. Rien. Juste quelques places de parking et une aire de livraison. Parfois, un auvent un peu plus travaillé marque l'entrée. Leur volumétrie identique n'est pas le fruit du hasard mais le produit de savantes études de rentabilité au mètre carré. Les boîtes à

6. « Douze maires face à la maîtrise d'ouvrage », *AMC*, 148, janvier 2005 ; voir aussi René PIRON, *Les Boîtes. Les grandes surfaces dans la ville*, Paris, L'Atalante, 2004.

chaussures des parcs d'activités commerciales affirment clairement leur absence de relation avec l'extérieur et leur mépris de l'architecture. La complexité n'est pas de mise pour ces objets monofonctionnels, aveugles, supports d'une communication basique. Venez chez nous pour les prix bas, nous ne dépensons pas inutilement un seul centime... Le consommateur dit trouver ces boîtes affreuses, mais s'y précipite chaque semaine. Grâce à lui, 40 % du commerce de détail s'effectue dans ce cadre dépouillé, à l'éclairage rudimentaire.

Pourtant, chaque entité n'est pas particulièrement significative et sa laideur reste acceptable. C'est la répétition et la multiplication à l'infini de ces volumes similaires, reposant exclusivement sur la consommation, qui conduit à cette impression d'écœurement. L'adoption récente de la loi supprimant l'autorisation administrative (et donc une certaine maîtrise de ce type d'urbanisme) pour les surfaces commerciales ne va certainement pas arranger les choses[7].

Les souris dans la souricière

En version plus chic, nous avons le centre commercial. Il répond aux besoins d'une époque perpétuellement en mouvement, habitée par le zapping, qui veut être divertie.

7. Depuis le 13 juin 2008.

« Rien n'est fait pour les encourager à s'arrêter, à se regarder, se parler, à réfléchir, à peser le pour et le contre, à discuter d'autre chose que des objets en vente ! Il ne faut surtout pas qu'ils occupent leur temps à des choses qui n'aient pas de valeur commerciale[8] », explique Zygmunt Bauman.

C'est une invention américaine, inspirée des grands magasins européens, qui s'exportera rapidement. Très vite, la France deviendra leader sur ce secteur après l'avoir adaptée à un public censé être plus « difficile ». Les principes sont simples : « No parking, no business », et « Tout sous le même toit, avec des prix bas ». Depuis presque cinquante ans, le centre commercial s'adapte aux évolutions des modes de vie, en modifiant son architecture tel un carénage de voiture, mais sans changer sa philosophie. En 2009 la France compte plus de 500 centres qui assurent 25 % du chiffre d'affaires du commerce. Et cette année plus de 600 000 m^2 devraient ouvrir.

Carrefour inaugure, dès 1963, un hangar de 2 600 m^2, planté au milieu de nulle part, à Sainte-Geneviève-des-Bois, avec un parking gratuit et 450 « caddies », encore inédits jusque-là. Alors que tous les experts prédisent une catastrophe, c'est immédiatement le succès[9]. On

8. Zygmunt BAUMAN, *Le Coût humain de la mondialisation*, Paris, Hachette, 1999, p. 43.

9. Élisabeth PÉLEGRIN-GENEL, « Esthétique commerciale et insertion urbaine », dossier, *Revue Patrimoine et cadre de vie. Les cahiers de la Ligue urbaine et rurale*, mai 2005.

s'y rend en voiture puis on déambule à pied dans un espace protégé et clos. En effet, la première génération, dans les années 1970, est celle de la boîte aveugle. La galerie n'a pas d'ouverture sur l'extérieur. La lumière comme les plantes vertes sont artificielles. « À vrai dire, souligne Jean-Louis Solal, promoteur spécialisé dans les centres commerciaux, le client était avant tout une souris et il fallait disposer le plus gros morceau de gruyère pour l'attraper dans la souricière[10]. »

Bien que largement fréquentés, les centres commerciaux restent très critiqués. La deuxième génération tente alors de marier l'esprit du lieu à l'esprit du temps en faisant des efforts d'insertion, en s'inspirant des couleurs et matériaux de la région pour donner une vague identité locale.

La troisième génération consacre le client roi : dans les années 1980, le consommateur change, la « machine à vendre » ne lui convient plus. L'extérieur entre à l'intérieur pour créer un lien entre architecture et nature (ou du moins une certaine idée de la nature). La lumière naturelle éclaire les galeries marchandes qui augmentent de taille. Les façades intérieures, le long du mail, commencent à s'animer, principalement aux États-Unis, friands, par exemple, de pastiches de boutiques parisiennes. L'aménagement se sophistique

---

10. Entretien avec Jean-Louis Solal, « Le commerce et la ville », *Créé*, 275, premier trimestre 1997.

tandis que les entrées se multiplient pour diminuer le trajet jusqu'à la voiture. La quatrième génération invente alors le *fun shopping* dont nous parlerons dans la deuxième partie, en créant des ambiances « enchantées » mêlant loisirs et commerce.

Le « caddie » est le signe de reconnaissance du centre commercial qui demeure encore un des rares endroits de mixité sociale. Selon ses moyens, on y achète ou on regarde les autres acheter. La souricière est désormais lumineuse, parsemée de véritables arbres en pot, et baignée d'une musique horripilante. Tous les ingrédients sont en place pour étourdir, séduire et combler le consommateur. Faire ses courses doit être un dépaysement dans un cadre bien borné, car il n'est pas question de ne pas trouver à l'endroit habituel son paquet de céréales favori. Le produit disparaît au profit de la marque ; on n'achète plus un jean ou un litre d'huile mais un morceau de rêve orchestré par un savant matraquage publicitaire. En permanence, il faut laisser croire au client qu'il va être surpris ou plus exactement ravi (au sens de ravissement, d'enlèvement symbolique). Une chose est sûre, il ne trouvera pas de limace dans sa salade ni de terre dans ses poireaux, mais des légumes soigneusement calibrés sous cellophane : les choses lui sont présentées proprement.

Pour l'étonner et le distraire, on reconstitue des aspects trépidants de la ville, avec un réalisme poussé à l'extrême. Jon Jerde, l'architecte de City Walk, près d'Hollywood, a dessiné une « réalité idéalisée » composée de petits morceaux de styles architecturaux variés et y a ajouté une « patine temporelle » et un « soupçon de saleté » : « Les concepteurs se proposent, en usant avec brio de la décoration, de recouvrir toute nouvelle rue d'un vernis historique instantané : le jour de l'inauguration on découvrira des immeubles peints de sorte à suggérer une occupation antérieure. Le revêtement des terrasses inclura des papiers de sucettes, comme jetés par de précédents visiteurs[11]. »

Pour le séduire, le plus simple est de lui raconter une histoire, à peine différente de celles destinées aux enfants, comme le note Alain Bourdin : « Un gestionnaire de centre commercial (mais on dirait la même chose du responsable d'un grand équipement culturel) se préoccupe habituellement d'organiser une offre d'ambiance. Celle-ci associe des formes architecturales, des éclairages, de la musique, des odeurs... Pour susciter des perceptions et, à travers elles, suggérer du sens, "raconter une histoire". Cette histoire s'exprime encore d'autres manières (images, symboles divers, récits, rhétoriques publicitaires, événements). Elle réussit d'autant mieux qu'elle mobilise l'imaginaire contemporain[12]. »

---

11. Mike DAVIS, *Au-delà de Blade Runner, op. cit.*, p. 86-87.
12. Alain BOURDIN, *La Métropole des individus*, La Tour-d'Aigues, Éditions de l'Aube, 2004, p. 43.

Car les souris sont de plus en plus exigeantes... Comment les attraper ?

Première recommandation : embrouiller le visiteur en lui laissant croire qu'il est libre et qu'il arpente un espace tout à fait public. Pour cela, dissimuler les clôtures, donner des noms de rues ou de places, disposer quelques bancs et aménager les abords avec quelques jeux pour enfants. Inutile de cacher les caméras de surveillance, elles font désormais partie du paysage, ni de déguiser les vigiles en consommateurs, ils gardent, paradoxalement, un aspect rassurant. Il est indispensable de lui offrir un « espace culturel unique en son genre[13] ».

Deuxième recommandation : à l'image de nos ronds-points, gérer le flux ininterrompu de personnes pour que chacun s'y coule naturellement. L'escalator se révèle un outil précieux. Il remplace l'escalier monumental du Bon Marché dès 1906 et continue depuis une carrière florissante. Il symbolise l'euphorie du mouvement et la modernité, en distillant une image de dynamisme.

Troisième recommandation : conserver l'illusion de la *promenade* grâce à de la végétation soigneusement mise en valeur, des fontaines, une cascade si possible et une esplanade bordée d'arbres. Enfin, un peu d'ombre pour la voiture ne fait pas de mal.

---

13. « [...] qui contribuent à "communiquer" l'idée que vous êtes dans un espace culturel unique en son genre, et complètement différent des espaces partagés qui subsistent à l'extérieur du centre commercial » explique Jeremy RIFKIN, *L'Âge de l'accès*, Paris, la Découverte, 2000.

Dernier conseil: ne pas hésiter à se substituer au centre-ville, en intégrant divers équipements, comme un bureau de poste ou une agence bancaire. Ces derniers drainent une clientèle « captive » et donnent une nouvelle virginité au centre commercial...

La boucle est bouclée. On est comme en ville, mais dans une ville qui a le goût, la couleur, l'odeur d'une ville totalement idéalisée, propre, sûre et sans surprise ; on oublie le caractère totalement artificiel et les manipulations de l'espace. Et puis, c'est tellement pratique...

Enfin, pour les fidéliser, il faut que les souris se sentent chez elles, s'épanouissent et s'approprient le lieu dans les limites du raisonnable. Alain Bourdin relate un cas intéressant à propos d'une banale histoire de fauteuils[14]. Dans un centre commercial, 150 sièges en osier sont disposés à côté des chauffeuses en cuir qui se trouvaient déjà dans la galerie. Les responsables s'interrogent : Faut-il fixer au sol ces sièges très légers ? En les attachant, on oblige les visiteurs à s'asseoir dans un endroit structuré qui signifie alors qu'ils ne sont que des visiteurs de passage. Par contre, en ne les fixant pas, on incite les consommateurs à bouger, déplacer, transformer l'espace, en un mot on leur dit : ce lieu vous appartient. Les responsables se décident pour cette hypothèse : « On a été encore plus loin. Nous avons une galerie consacrée aux enseignes qui vendent de la

14. Alain BOURDIN, *La Métropole des individus*, *op. cit.*, p. 173.

nourriture. Mais il y a des gens qui font du tourisme commercial et qui viennent de loin avec leur pique-nique. On s'est dit et si on laissait faire ? Et pour bien leur prouver que cela ne nous gênait pas qu'ils pique-niquent au milieu de la zone de restauration, on leur a offert un café gratuit à la fin : c'est un signe extrêmement fort de convivialité. »

De même, quand on voit toutes ces personnes âgées, armées simplement d'un petit cabas écossais, car les énormes caddies sont trop lourds et totalement inadaptés à leurs besoins modestes, venir chaque matin à l'hypermarché comme s'il s'agissait d'une épicerie de quartier, bavarder avec la caissière ou la voisine, on se réjouit de cette transformation inattendue d'un lieu aseptisé. Évidemment, les bandes de jeunes qui traînent dans les galeries restent la bête noire des gestionnaires, de même que le public trop visiblement précaire. On le contrôle par des dispositifs discrets : pas de bancs pour s'allonger, et des rondes fréquentes du personnel de sécurité.

Le motel

Exactement comme les parcs d'activités ou les centres commerciaux, le motel s'adresse à des automobilistes et doit se voir de loin. D'ailleurs, en y entrant, le client conserve son identité de conducteur. Élément essentiel, le parking est agrémenté de débords comme s'il fallait empêcher que, dans un moment d'inattention, celui-ci n'entre à l'intérieur de sa chambre en voiture. Bruce Bégout a étudié le motel américain[15]. À première vue, on pourrait penser qu'il n'y a pas grand-chose à dire de ce modèle qui favorise « une forme d'abattement tranquille, le motel entraîne en effet chez ses visiteurs une manière d'économiser gestes et paroles, de se laisser envahir par l'anesthésiante simplicité du banal ». Pourtant il m'intéresse à double titre : d'une part, il est aussi indispensable au fonctionnement des espaces de la mobilité que les stations-service, les gares ou les aéroports : il propose une halte sans âme, un instant d'immobilité qui plonge chacun dans un état léthargique. D'autre part, il repose sur une absence totale d'appropriation, sur un détachement tranquille vis-à-vis du client. Il assure un service minimum purement utilitaire et technique, grâce à un aménagement bien précis qui accentue la déréalisation.

À l'intérieur, pas d'atrium, pas de hall ni de bar ou de couloir pour se rencontrer : le seul contact possible a lieu lors des opérations de *check-in* et de *check-out*, et encore, de nombreuses chaînes optent pour un système avec automate. Dans un motel, il n'y a ni clients ni employés visibles et « personne ne peut se voir car personne ne doit se voir ». Cet endroit aveugle et anonyme attire aussi bien

---

15. Bruce BÉGOUT, *Lieux communs. Le motel*, *op. cit.*

un commercial fatigué, une famille en vadrouille qu'un couple illégitime. Au départ, simple espace de transit, il accueille de plus en plus de personnes contraintes, par leur travail, à une vie de flexibilité et de mobilité. Cependant, ce mélange de clientèles ne produit aucun échange, chacun demeurant caché.

Le motel est silencieux, à l'abri des musiques d'ambiance qui se déversent dans de multiples endroits. Seule ombre au tableau, on entend la télévision de la chambre voisine. Le voyageur se réfugie, en rasant les murs, dans une chambre quelconque et inappropriable que je ne ferais pas l'injure de décrire : tout le monde connaît ce dessus-de-lit en chenille orange, les gobelets en plastique sous cellophane, les rideaux à fleurs ou le store à lamelles défraîchies, cette odeur de renfermé : le propre d'une chambre de motel, c'est qu'il n'y a rien. Rien à voir, rien à faire. En ce sens-là, le motel est atypique, explique Bruce Bégout, « la chambre se donne sur un mode d'indifférence absolue à l'égard de l'espace et de ses occupants[16] ». On ne peut que l'utiliser quelques heures sans vraiment s'y installer. On ne sait plus où on est. C'est la contemplation de sa voiture garée devant qui redonne un semblant d'identité au voyageur. Le motel est, par excellence, le produit de la mobilité.

Les grands hôtels sont-ils une variante améliorée du motel ? Sans aucun lien non plus avec le dehors,

16. *Ibid.*

mais le plus souvent situés en centre-ville, ils cultivent pareillement l'absence de surprise mais offrent un cadre luxueux et protégé : bar, restaurants, piscine, hall de marbre somptueux et salons bourrés de miroirs, de dorures et de moquettes épaisses. Toutefois, la décoration et la profusion de mètres carrés en font un réel lieu de rencontres avec sa part d'imprévu. Le plus drôle – mais est-ce vraiment drôle ? – c'est ce souci de duplication poussée à l'extrême : dans n'importe quel endroit du monde, le shampoing et la savonnette sont identiques, l'ascenseur transparent, et, pour ne pas dépayser le client, le personnel aura toujours la peau brun clair ou brun foncé. Enfin, une signalétique de qualité, nouvelle forme virtuelle d'espéranto, limite les conversations avec le personnel au strict minimum.

J'ai rapproché ces différents exemples car ils offrent énormément de similitudes. Bien sûr, contrairement aux centres commerciaux, les hangars des entrées de ville ou les motels sont sans fioritures et ne cherchent pas à raconter une histoire. Mais tous ces aménagements sont le produit et l'illustration de notre modernité. Ils sont nos contemporains. Ils accompagnent le mode de vie périurbain et se caractérisent par l'anonymat qu'ils procurent, à la limite de la dépersonnalisation. La vision qui prédomine est celle du consommateur motorisé.

Ils fabriquent un paysage de plus en plus mondialisé avec la répétition de dispositifs technicisés qui requièrent des savoirs précis et des comportements automatiques. Tout est une question de flux. Favoriser la fluidité, supprimer l'obstacle. La route doit être droite. Il est toujours fascinant d'observer une ligne de péage, les portillons du métro ou les voyageurs dans une gare bondée qui déploient mille stratégies pour que le mouvement ne s'interrompe jamais.

Car c'est bien de cela qu'il s'agit : une impossibilité à s'arrêter et à regarder. Le temps prime. Tout est conçu pour qu'on ne s'immobilise jamais. On ne fait que traverser, aller d'un point à un autre, le plus vite possible. Le trottoir roulant de Montparnasse : le rapide de 185 mètres de long, 11 km/h permet de gagner une minute et demie[17]. On attend plus patiemment l'autobus grâce à l'affichage électronique du temps d'attente. On ne compte plus en kilomètres mais en minutes : on est à dix minutes de la gare, ou trois heures de Paris, etc. La mobilité symbolise la liberté et suppose des territoires à parcourir, à condition d'en avoir le pouvoir et les moyens. Ainsi l'espace semble se refermer sur une personne âgée quand elle peine à se déplacer.

Les quelques espaces institutionnels ou publics qui subsistent donnent une autre texture au temps mais reposent néanmoins sur des codes précis. On ne tolère plus les usages distraits ou « absorbés », on n'accepte plus

17. Il sera finalement démonté en 2009, l'expérience n'ayant pas été si probante.

que certains dissimulent ce qu'ils font et où ils vont[18]. Il semble impossible de vivre dans les espaces d'indifférence négociée, d'indifférence courtoise, décrits par Erving Goffman[19]. La personnalisation de la politique et la politisation de la vie privée rendent encore plus difficile la distinction à faire entre les principes de l'espace privé et les exigences du monde partagé.

18. Zygmunt BAUMAN, *La Société assiégée*, Rodez, Le Rouergue-Chambon, 2005.

19. Erving GOFFMAN, *La Mise en scène de la vie quotidienne*, t. I, *La Présentation de soi*, t. II, *Les Relations en public*, Paris, Minuit, 1959.

DEUXIÈME PARTIE

La mise en scène d'espaces à consommer sans modération

Je vais partir. J'ai encore des lieux à découvrir, j'allais dire à voir, mais non ! Je n'ai rien à voir, je dois seulement me poser la question : « Qu'est-ce que je fous là ?... »

Raymond DEPARDON, *Errance.*

5
La fabrication de mondes enchantés

> Alors que les philosophes, les poètes et les moralistes du passé se demandaient si l'on travaille pour vivre ou si l'on vit pour travailler, le dilemme qui préoccupe nos contemporains se formule le plus souvent ainsi : doit-on consommer pour vivre ou vivre pour consommer ? En d'autres termes, veut-on et peut-on encore séparer le fait de vivre du fait de consommer ?
>
> Zygmunt BAUMAN,
> *Le Coût humain de la mondialisation.*

DANS LES ESPACES DE LA MOBILITÉ, le consommateur occupe toute la place. Il évolue à toute vitesse au sein d'un environnement mondialisé. Rien ne l'arrête. Un nouveau problème se pose. Comment capter son attention, se faire remarquer, comment se singulariser pour l'attirer dans ses filets ? Le nouveau mot d'ordre va être la séduction.

Les souris, paraît-il, se lassent des souricières standardisées et indifférenciées. Il existe aussi d'autres souris avec un plus fort pouvoir d'achat qu'il faut satisfaire coûte que coûte. Pour capter ce consommateur insatiable, il faut déployer mille ruses et mille artifices et ne pas dévoiler trop grossièrement les logiques sous-jacentes exclusivement marchandes. L'espace va être mis à contribution pour l'enchanter. Et, pour cela, lui faire oublier la duplication à l'infini des lieux, leur banalité, voire leur médiocrité. Il s'agit de monter d'un cran. On aborde ainsi une autre notion : la fabrication de mondes enchantés ou désenchantés... selon le point de vue qu'on adopte. Eux aussi se vivent sans aucun lien avec l'extérieur mais certains seront plus *enfermants*, que d'autres...

À l'inverse des espaces dupliqués, qui jouaient sur l'absence de surprise, l'objectif affirmé, ici, est de surprendre, d'épater, de ravir, de *mettre en scène*. La mise en fiction du moindre fait est une autre caractéristique de notre époque. Christian Salmon a consacré un essai au *storytelling*, une machine à fabriquer des histoires et formater des esprits[1]. Même en l'absence de discours, l'espace raconte toujours quelque chose, mine de rien. La moindre construction, le plus modeste aménagement a de multiples significations. La nouveauté,

1. Christian SALMON, *Storytelling, la machine à fabriquer des histoires et à formater les esprits*, Paris, La Découverte, 2007.

c'est la volonté quasiment scientifique de rationaliser et de maîtriser ce langage de l'espace. Chaque mètre carré doit être utile au propos : Il s'agit d'orchestrer, de magnifier des histoires. Dorénavant, les scénaristes se font architectes. Nous explorerons ainsi quelques espaces fabriqués comme Las Vegas, Disneyland ou les Maldives. Ces enclaves ont l'ambition de répondre à tous nos besoins et surtout, inlassablement, d'en créer d'autres, tout en jouant sur la répétition et la familiarité... dans un cadre qui se veut dépaysant. Tout est axé sur la notion de loisirs. L'imaginaire des vacances a pris le pas sur le reste. La fiction, sur la réalité.

Les grands magasins comme les musées cherchent à augmenter leur fréquentation et leur chiffre d'affaires et emploient, pour y arriver, des moyens similaires. De même que les frontières s'estompaient entre ville et campagne, ou entre le jour et la nuit, les limites se brouillent entre grands magasins et équipements culturels dans une savante mise en scène de l'espace. Les grands magasins en étaient coutumiers depuis leur origine, la nouveauté c'est que les musées s'y sont mis. Les boutiques de luxe, elles, visent à se rapprocher des galeries d'art en pratiquant la même scénarisation.

Grands magasins et musées

Les grands magasins naissent dans la seconde moitié du XIXe siècle. Sous un même toit, des marchandises variées sont proposées à un prix fixe, valable toute l'année. Le client est roi : il entre par simple curiosité et flâne au gré de ses envies ; il circule parmi les rayons, regarde et touche les produits sans les demander à un vendeur, les achète ou non et peut échanger un article s'il est mécontent. C'est une petite révolution.

D'emblée, l'architecture est « moderne » et on se sert de toutes les innovations techniques de l'époque, les ossatures en fer, les verrières en coupole, les ascenseurs, etc., pour construire de véritables cathédrales du commerce.

Dès 1869, le Bon Marché met à la disposition de sa clientèle une salle de billard, une bibliothèque pour écrire son courrier ou lire les journaux, un buffet avec boissons et gâteaux servis gracieusement. Les surfaces commerciales accueillent toutes sortes de manifestations. On expose les œuvres de peintres : « La maison se fait l'intermédiaire gratuit et obligeant entre artistes et amateurs[2]. » On y trouve des restaurants et des salons de repos. En 1931, les magasins Decré à Nantes aménagent une salle de cinéma « sonore et parlant » ainsi qu'un bureau de poste. Ce mélange de fonctions est porté par une architecture d'une grande flexibilité

2. Bernard MARREY, *Les Grands Magasins à Paris*, Paris, Picard, 1979.

qui s'adapte pour accueillir un concert ou un bal de 4000 personnes : « Quelques heures à peine suffirent pour transformer en splendides salons, pour draper, meubler, décorer les deux galeries du rez-de-chaussée et du premier étage de la rue Velpeau. »

Depuis toujours, il existe des parentés entre le grand magasin et le musée. Les deux utilisent des vitrines pour montrer leurs trésors et possèdent des stocks impressionnants. À titre d'exemple, le musée des Arts premiers du quai Branly présente actuellement 3500 œuvres mais il en a plus de 300000 dans ses réserves. La ressemblance s'arrêtait là, le musée se drapant dans la culture « pure » tandis que le grand magasin révolutionnait la consommation. Aujourd'hui, les différences s'estompent. Tous deux soignent leur architecture. Les grands magasins, s'étaient laissé aller, au fil des années, à masquer leur ossature prestigieuse sous des faux plafonds ordinaires et un amoncellement négligé de produits. Depuis, ils ont entrepris la reconquête de leur patrimoine bâti et se sont « repositionnés ». Il s'agit d'effacer l'image de bazar, de faire oublier la « marchandise » à écouler pour proposer un monde merveilleux à des clientes privilégiées, en quittant le pittoresque pour « l'événement ».

De leur côté, les musées, saisis d'une frénésie de modernité, prennent le risque calculé de ressembler, définitivement, à un grand magasin, en augmentant leur superficie marchande au travers de boutiques chics et originales. Ils remplacent leurs cafétérias poussiéreuses par des restaurants confortables, signés par de grands designers. Ils densifient leurs expositions et transforment les gardiens en « agents d'accueil ».

Désormais on trouve, proche de l'entrée, un vaste magasin avec des livres, des catalogues, des cartes postales mais aussi des reproductions, des objets, des moulages, des vêtements, des sets de table, des bougies ou des services à thé. « Tout s'achète au musée », titre *Libération*[3]. Des tongs à l'effigie de la Joconde, des gâteaux tricotés en laine ou des bonbons à la violette. Des objets qu'on peut saisir... et qui comblent la frustration du visiteur de musée qui ne peut toucher qu'avec les yeux. Mais l'embrouillent aussi, comme le souligne Éric Troncy : « Ce qu'achète en réalité le consommateur, ce que le public en réalité veut voir, c'est pour l'un ce qu'il ne peut pas avoir, pour l'autre ce qui n'est pas montré. Si la visite au musée résiste c'est peut-être qu'on y va justement pour échapper à l'exposition. Dans l'espoir de ne rien avoir à voir, de ne rien voir peut-être. Tandis que les grandes marques offriraient une forme de transparence... Bienvenue au siècle de la désuétude et de l'invisibilité[4]. »

3. *Libération*, 22 février 2008.

4. Éric TRONCY, « Display », *Revue design et étalage*, 2002. Voir aussi Françoise CHOAY, *Pour une anthropologie de l'espace*, Paris, Seuil, 2006, p. 57 et s.

La séduction est le nouveau mot d'ordre. Et une séduction qui passe clairement par l'architecture. Beaubourg, de Renzo Piano et Richard Rogers, doit sa notoriété à son parti architectural innovant et son succès autant à l'invention de sa piazza en pente douce qu'à ses gigantesques plateaux libres de toutes contraintes inlassablement réaménagés à chaque manifestation ou exposition : Beaubourg est un musée qui vit et respire, qui s'adapte à toutes les évolutions.

Désormais on retient le nom du concepteur et non ce que le musée expose. Le musée de Frank Gehry à Bilbao est devenu un monument à « voir absolument ». Les longues heures de queue les jours qui ont suivi l'inauguration du musée du Quai Branly, fin juin 2007, indiquent qu'on vient autant voir du Jean Nouvel que les collections d'arts premiers.

Fruit d'un troc pour calmer les riverains inquiets par ce bâtiment décapant dans leur tranquille VIIe arrondissement parisien, le jardin de 18 000 m^{2} est trois fois plus grand que le minimum requis sur un plan réglementaire. Dessiné par Gilles Clément, au premier regard, il est traversant et paraît totalement ouvert, en réalité il est soigneusement délimité par des grilles en forme d'herbes sauvages, des douves, des portes massives pivotantes qui s'effacent dans la journée. Un espace très sophistiqué et très réussi.

Les boutiques spectacles

Les boutiques de luxe s'inspirent sans aucun complexe des galeries d'art, pour faire oublier le prêt-à-porter et la diffusion de masse. Le vêtement, présenté comme une pièce rare, s'expose comme une sculpture dans un espace vide. Plus c'est cher, plus la décoration est minimaliste. La vendeuse est désormais la gardienne d'un temple imaginé par une star de l'architecture.

De nombreux lieux de consommation pure cachent également leur dimension mercantile. L'espace Sony de Berlin plonge le client dans une exposition de design interactive où il peut tripoter téléphones, appareils photo, lecteurs de musique ou télévision. On vient manipuler, jouer pendant des heures sur un écran ou simplement rêver. Pas de stock visible, chaque élément semble unique. On a banni la vulgarité d'un échange financier. Deux caisses discrètes enregistrent toutefois les transactions doublement immatérielles : la plupart des clients payent par carte bancaire et la marchandise est remise, presque en catimini, quelques minutes après le paiement.

Bazar des temps ultramodernes – mais où rien ne coûte un euro –, le magasin Colette de la rue Saint-Honoré a été créé par une mère et sa fille. C'est un *concept store.* Traduction : on renouvelle tout le temps.

Dans une savante mise en scène, on trouve les objets les plus inattendus rangés dans une vitrine plate : gamelle pour chien, bracelet en plastique, téléphone portable. Le cartel à côté n'indique pas le siècle et l'auteur mais le prix. Interdiction de toucher, comme au musée. Les vêtements délaissent les portants pour habiller des mannequins figés en plastique. La froideur de l'ensemble est adoucie par un désordre finement organisé. Toques, sacs ou accessoires sont posées négligemment çà et là sur des banquettes ou des étagères. On ne sait plus si c'est à vendre ou si cela appartient à une cliente distraite. Enfin une musique tonitruante, qui interdit toute conversation, apporte un nouveau décalage : l'ambiance sonore évoque plutôt un magasin de confection visant les douze/dix-huit ans. Vendeurs et vendeuses sortent tout droit d'un casting pour une publicité de parfum androgyne. Lorsque vous essayez des chaussures, ils vous présentent délicatement la paire comme un cadeau très précieux sans apporter la boîte.

Au sous-sol on trouve un bar à eaux dont la décoration rappelle l'intérieur d'un réfrigérateur. Et c'est noir de monde. On y vient beaucoup pour renifler les dernières tendances. Présentés comme des bijoux royaux, porte-clés, crayon ou gadget prennent un relief particulier. Sélectionnés par Colette, ils acquièrent une authenticité et se mélangent avec des créations originales, en série limitée, de designers et stylistes. On achète ici pour se procurer avant les autres des produits qu'on trouvera ailleurs quelques semaines plus tard...

Certains recréent un monde familier (très chic) comme ce magasin de vêtements pour enfants qui s'est offert la rénovation de l'hôtel particulier de Brancas dans le VIe arrondissement à Paris. Pas question de lèche-vitrines, encore moins de courses ou d'emplettes, non, ici l'acheteuse effectue une « visite ». À défaut de déposer sa carte sur le plateau en argent du hall, elle laissera vraisemblablement son empreinte de carte bancaire dans une machine électronique.

Quelques jours après l'inauguration, en 2006, la première pièce reconstitue une école des années 1960 : avec des sacs ou des cartables posés par terre, une rangée de portemanteaux et, au-dessus, le prénom et la photo de l'enfant (une coutume inconnue à cette époque : la photo, c'était la diapo, domaine exclusif de papa, tandis que les étiquettes, c'était plutôt maman). Le vêtement – à vendre – y est négligemment accroché. Au mur des cartes de géographie aveugles et l'inscription « salle de gym » apposée sur une porte. Quelques vélos d'enfant usagés sont garés à l'entrée. Au milieu, un vaste meuble bas carré (rose, évidemment) dissimule totalement les caisses. On oublie qu'il s'agit d'une boutique avec des stocks à écouler. Mais pour croire vraiment à l'histoire qu'on nous raconte, il manque l'odeur, celle de quarante petits gamins en sueur.

À gauche, des armoires campagnardes anciennes, aux portes entrebâillées, regorgent de vêtements et de jouets – toujours à vendre – empilés dans un savant désordre. Il semble toutefois déplacé de « fouiller » dans cette reconstitution qui évoque vaguement un musée de traditions populaires...

Dans la salle suivante, une énorme cabane trône au milieu. Théoriquement destinée aux enfants, sa taille est suffisante pour que les adultes y pénètrent. Construite avec des matériaux rudimentaires, toit en tôle ondulé, grosses planches mal équarries, elle est très sophistiquée dans ses détails : gros clous avec des vêtements pendus (encore) et filets de pêche. Ici on rejoint les souvenirs d'enfance du papa qui aurait tellement voulu aller à la pêche avec son propre père (mais ce dernier ne l'a jamais emmené) et qui un jour ira peut-être avec son gamin faire une balade en bateau ?

Dans la pièce dévolue aux petites filles modèles, un plafond recouvert de fleurs, et quelques robes chichiteuses sorties tout droit des dessins animés de Cendrillon ou de Blanche Neige. Cependant, d'une manière générale, les vêtements sont simples et chers, avec beaucoup de trucs tricotés au point mousse – pour un peu, les mères auraient pu les réaliser elles-mêmes si elles n'étaient pas obligées d'aller jouer à la superwoman dans une entreprise. Et quelques délicieuses petites blouses à fleurs qu'elles auraient volontiers confectionnées si elles savaient coudre mais, hélas, leurs mères féministes couraient les manifestations pour changer le monde au lieu de leur apprendre le b-a ba de la culture féminine !

La « nursery » produit une impression terrible, proche du malaise. Est-ce une performance d'artiste ? Une exposition de bébés morts ? Des berceaux en Plexiglas en rang d'oignons accueillent des poupons plus vrais que nature, uniformément vêtus de blanc. On se sent emprisonné dans cette reconstitution si réelle, sans humour, détournement ni fantaisie. Qu'est-ce qui cloche ? Pourquoi cela ne passe pas ? On est gêné par cette représentation du bébé idéal, figé et soigneusement « rangé » dans son berceau, à l'image des vêtements empilés dans les armoires voisines, sans biberons sales ou couches qui traînent. Après l'enfant roi, le bébé objet... On n'a qu'une envie : sortir de cet endroit.

La pièce suivante s'adresse aux garçons. L'ambiance est plus virile : canapé de cuir fatigué, plancher en bois avec tapis peint directement dessus, ou encore banquette constituée de deux matelas qui évoque vaguement les premières chambres d'étudiant (le théâtre de leurs premières expériences ?) que fréquentaient à l'époque les mères d'aujourd'hui.

Dans cet immense magasin vide de clients, ou presque, ce jour-là, les vendeuses élégantes en tailleur strict sont continuellement en mouvement, occupées à ranger et à déranger les petites choses fragiles et précieuses. Car, ici, le bazar soigneusement orchestré fait partie de la décoration. Un grand souci du détail et beaucoup de moyens, et pourtant tout sonne faux. La reconstitution est trop maniaque.

Rien n'est laissé au hasard. Chaque élément participe à un discours très construit. Ainsi, dans un coin, sont empilés des livres à la disposition des enfants. Il faut bien les distraire pendant que les parents achètent. Les titres n'ont pas été choisis fortuitement. Ce sont ceux lus autrefois par des mamans d'une petite quarantaine d'années. Dans cet univers régressif, les parents sont invités à retourner à l'école et à jouer à la poupée sous l'œil attendri des vendeuses qui s'occupent de tout : elles surveillent discrètement les (vrais) enfants.

En exploitant la nostalgie d'une enfance révolue et totalement idéalisée, on fait croire aux mères qu'elles fabriquent, en achetant ici, une enfance merveilleuse à leurs rejetons, sans fausse note et sans frustration, et qu'elles sont, sans contestation possible, de très bonnes mères. Chaque désir sera comblé. Enfin, on tente de les persuader que l'enfant idéal existe, à condition de l'habiller avec cette marque.

En quête de sensations fortes...

L'offre marchande n'arrête pas de nous surprendre : à l'opposé de cette plongée dans l'enfance des parents, on trouve des lieux bizarres comme le bar Kube, accessible sur réservation, où boire un verre devient une prouesse singulière dans ce lieu maintenu à moins cinq degrés : le bar est en glace... Bonjour les économies d'énergie.

Est-ce une nouvelle façon de s'assurer que la clientèle ne va pas s'incruster trois heures en consommant seulement une boisson ? L'anorak est fourni gracieusement. On reste évidemment peu de temps dans cette atmosphère glaciale, pour siroter une vodka, accoudé à une banquise tout en admirant un subtil jeu d'éclairage[5].

Le restaurant « Dans le noir » propose, lui, une expérience inédite. Impossible de décrire le décor, toute la salle est plongée dans une obscurité totale. Des aveugles font le service et rassurent les plus perturbés. Les convives, dans un premier temps totalement désorientés, apprennent vite à se servir à boire sans rien renverser. Le grand jeu est de deviner ce qui se trouve dans son assiette et de manger le moins salement possible. Avec les doigts souvent, mais personne ne vous observe. Et on prend conscience du brouhaha ambiant : pour compenser l'absence de vision, pour se rassurer, on parle plus fort[6].

... et de « performance artistique »

Vuitton s'installe, fin 2005, sur les Champs-Élysées. « Le luxe découvre sa cathédrale » s'exclame une journaliste, en décrivant « une allégorie du luxe contemporain :

5. Bar Kube, 1-5, passage Ruelle, 75018 Paris. < kubehotel.com >
6. Restaurant « Dans le noir », 51 rue Quincampoix, 75004 Paris.

de l'air, de l'espace et de l'art[7] ! » À son propos, on ne parle plus de boutique de luxe mais de maison, de palais ou de navire amiral (*flagship* à toutes les pages des magazines). Cinq mille visiteurs se pressent chaque jour. Vuitton serait ainsi le septième monument parisien le plus visité[8].

L'espace a été totalement remodelé en spirale, sur le modèle du musée Guggenheim de Frank Lloyd Wright à New York. Éventaires et œuvres d'art se mélangent sur des paliers descendants. La façade intérieure est doublée d'un treillis métallique constitué de 170 000 anneaux assemblés à la main. Le visiteur baigne dans une lumière qui change toutes les deux heures. Le long d'un escalator, un écran en fibre optique de vingt mètres de long du vidéaste Tim White-Sobieski diffuse des images, tandis qu'au septième étage le visiteur découvre une exposition de photos. Il peut écouter de la musique dans une salle de concert, acquérir des livres d'art contemporain ou admirer au sous-sol un mur de monogrammes multicolores de Peter Marino. Enfin, en prenant tout bêtement l'ascenseur, il vit un moment artistique inédit. Olafur Eliasson a réalisé une chambre noire où l'on ne s'entend pas parler, noire et sourde donc. Une petite pause, une mise en scène d'un moment de vide absolu dans un univers trépidant aux sollicitations multiples.

---

7. Florence DE MONZA dans *Le Journal du dimanche*, 9 octobre 2005.
8. D'après le journal *Les Échos*, 21 décembre 2006.

Les ateliers ont été rapatriés sur un étage, afin de montrer l'activité à certains clients privilégiés. Un atelier-musée ? Une fabrication en *live* ? Mécénat, production de marchandises et vente se confondent dans une belle mise en scène. Le coût des travaux est secret, et quand on sait qu'une boutique de luxe refait sa décoration tous les trois ou cinq ans, on reste songeur.

Le jour de l'inauguration a donné lieu à une performance. Vingt mannequins immobiles (noires et crème comme les couleurs de la marque), vêtues de string, les jambes entourées d'une fine bandelette de cuir, ont été disposées entre deux mallettes dans des vitrines pour former un tableau figé, renouant ainsi avec notre vieille tradition des crèches vivantes, légèrement en perte de vitesse ces derniers temps. Mais ces femmes à demi nues ramenées au même rang que des valises, des sacs ou des chaussures provoquent quelques émois chez les visiteurs. Gérard Lefort note : « Ce qui est inédit ici, c'est que la frontière est plus que floue entre le dernier cri du chic (ou prétendu tel) et un nouveau design dans quelque vitrine chaude du quartier réservé à Amsterdam[9]. » Chacun sait que le principal problème d'un magasin à plusieurs niveaux est de faire monter la clientèle aux étages supérieurs : les dames de la rue Saint-Denis partagent le même souci.

9. *Libération*, 15-16 octobre 2005.

Le commerce plutôt haut de gamme se doit de susciter surprise et étonnement en étant toujours plus que ce qu'il est. Et la morale de ceci, dit Lewis Carroll, c'est : « Soyez ce que vous voudriez avoir l'air d'être ou, pour parler plus simplement, ne vous imaginez pas être différent de ce qu'il eût pu sembler à autrui que vous fussiez ou eussiez pu être en restant identique à ce que vous fûtes sans jamais paraître autre que vous n'étiez avant d'être devenu ce que vous êtes[10]. »

De niche en niche

En 2005, l'ouverture de la première crèche pour chiens a marqué, avec un an d'avance sur l'horoscope chinois, l'année du chien à Paris. On y trouve les vêtements pendus sur des portemanteaux à l'entrée, des jouets dans des caisses de plastique et des gâteaux et bonbons. Pour 65 euros la journée de 8 heures à 20 heures, ou 150 euros le week-end, Canicenter accueille nos amis à quatre pattes sur 200 m^2 dans une salle de jeux équipée de tunnels, pneu et table[11].

La même année, inauguration de la pâtisserie « Mon bon chien » dans le XVe arrondissement. Elle offre une

---

10. Lewis CARROLL, *Alice au pays des merveilles*, Paris, Aubier-Flammarion, p. 221.

11. Canicenter, 32 rue de Turbigo, 75002 Paris.

vitrine pleine de bons gâteaux faits maison, juste à la hauteur du chien pour qu'il puisse choisir directement entre un os au foie gras ou des étoiles de légumes. Elle a été créée par une dame qui passe du vernis à ongles sur les pattes de son animal et explique : « C'est comme un enfant pour moi qui n'en ai pas[12]. » On peut s'y procurer des peignoirs pour chiens et des manteaux léopard, et profiter d'un espace maquillage… non je plaisante, d'un espace toilette. Et commander un gâteau d'anniversaire, un concept (*sic*) importé des États-Unis (on se doute bien que cette idée ne vient pas du Burkina !)

Enfin, « Un chien dans le marais » a ouvert récemment pour habiller avec des créations exclusives de jeunes stylistes les chiens citadins. Elle propose un *happy doggy day* où les propriétaires viennent discuter entre eux pendant que les chiens se font masser, signant le coup d'envoi à l'ouverture d'autres boutiques similaires[13].

Et que se passe-t-il quand on ne trouve pas exactement la réponse adaptée à un besoin ? C'est simple, on l'invente. Ce qui nous donne, par exemple, le premier bistrot aménagé pour des jeunes mères avec poussettes. C'était quelques mois avant la loi antitabac.

---

12. « Mon bon chien », 12 rue Mademoiselle, 75015 Paris.

13. « Un chien dans le marais », 35 *bis* rue du roi de Sicile, 75004 Paris.

« Garçon, un café et un bib » titrait *Libération* [14] en relatant sa visite dans ce bar un peu spécial. Partant du principe que les cafés ordinaires sont inadaptés aux bébés avec leur ambiance enfumée et sonore et qu'il est injuste, cependant, de se priver de son petit noir, Laurence Constant a ouvert ce café-atelier-boutique aux couleurs acidulées[15]. On vient entre jeunes parents comparer les derniers modèles de poussettes rangées dans un garage spécial. Les enfants bénéficient de chaises hautes, de toilettes à leur taille, de table à langer et d'un coin jeu. On y trouve des menus adultes, et des menus bébés avec des plats surgelés spéciaux lancés par une autre jeune maman, peu satisfaite, elle aussi, de ce qu'elle trouvait sur le marché. La serveuse fait un peu maîtresse de maternelle et occupe les petits avec des coloriages pendant que les parents papotent.

Mais pourquoi faut-il rester toujours entre possesseurs de chiens ou entre parents ? La venue d'un bébé impose-t-elle inéluctablement des normes et un environnement spécifique à ses géniteurs ? Vaste débat. Décidément, on recherche, en permanence, la sécurité de l'entre-soi non seulement pour son logement mais aussi pour les moindres gestes de la vie quotidienne. On fait fi des différences et des contradictions, de la complexité des uns et des autres pour lisser des espaces

14. *Libération*, 22 juin 2007.

15. « Le poussette café », 6 rue Pierre Sémard, 75009 Paris.

à sa mesure et selon ses goûts. Cela se traduit par un contrôle permanent des accès, une maîtrise toujours plus grande de son environnement et la création de bulles indépendantes les unes des autres proposant des atmosphères totalement contrôlées.

On peut lire quelques traits caricaturaux de notre société au travers de ces boutiques spectacles prises presque au hasard en butinant la grande presse. En analysant leurs aménagements, on note d'abord une sophistication grandissante. L'humour est rarement présent. La fiction présentée est censée faire croire, le plus sérieusement du monde, au singulier, au rare et à l'unique en gommant la production de masse. Le message est de plus en plus du côté du maternel. Enfin des lieux spécifiques pour prendre soin de moi, de mon bébé ou de mon chien ! Il a aussi une dimension régressive, pourtant il ne s'adresse pas à l'enfant curieux et créatif qui sommeille en chacun. Il met plutôt en scène une nostalgie idéalisée de l'enfance. Son moteur reste la consommation et la segmentation de l'offre. La réponse se trouve dans des lieux ou des produits de plus en plus figés et ficelés. Je suis toujours aussi perplexe devant un CD intitulé *Mozart pour mon bébé*, ou un kit prêt à coudre ou tricoter. Ce côté prémâché nous enferme dans une consommation assez plate, sans initiative personnelle.

6
Entre étourdissement et ravissement

> Les lieux se ressemblent de plus en plus, tout est partout en même temps, la singularité s'efface au profit d'une globalisation, non plus celle du lieu, mais celle de tous les lieux. Il n'y aurait plus alors à marcher mais à s'asseoir, regarder, attendre. L'errant n'est plus le gueux qui, de ville en ville, amuse la foule, ni celui qui s'exalte sur le paysage orageux, moins encore le voyageur en quête d'exotisme, vaine quête anéantie par le retour. L'errant est le voisin notre compagnon.
>
> Raymond DEPARDON, *Errance.*

AUJOURD'HUI, L'ESPACE *FABRIQUÉ* se caractérise par sa volonté de produire une totalité fermée, un paradis hors du monde centré sur le loisir : parcs à thèmes, mégacomplexes commerciaux, villages de vacances, stations de sports d'hiver. Leur taille s'apparente souvent à celle d'une petite ville.

L'exposition universelle, enclave totalement artificielle créée pour quelques mois, en est, en quelque sorte, le précurseur : l'entrée y est payante. Un merveilleux divertissement dont la visée économique s'affiche haut et fort. On y présente le monde moderne : le téléphone, la machine à coudre ou l'escalator. On y affirme sa suprématie, voire son arrogance. L'architecture contemporaine en est la reine et le moteur – phénomène assez rare pour être souligné –, même si elle côtoie aussi des pastiches historiques. Ainsi, en 1889, la tour Eiffel, époustouflante prouesse technologique, construite en un an, voisine avec une reconstitution de la Bastille. À une époque où le tourisme populaire n'existe pas, on convoque périodiquement le monde entier pour se donner à voir dans toute sa majesté. La première exposition parisienne, en 1855, attire plus de quatre millions de visiteurs.

Chaque pays construit son pavillon à son image, ou du moins, comme il aimerait être perçu (selon l'air connu du « Soyez ce que vous voudriez avoir l'air d'être ou... »). Comme à Disneyland, on y trouve beaucoup de clichés, chalet suisse ou case nègre, pagode chinoise ou pyramide aztèque. La ville d'accueil édifie des halls grandioses en forme de Grand Palais ou de Crystal Palace (exposition de Londres en 1851). Et quelques semaines plus tard, on détruit le tout. L'éphémère, l'urgence autorisent toutes les fantaisies.

Depuis un siècle et demi cette manifestation perdure malgré l'explosion du tourisme de masse et la concurrence féroce des parcs d'attractions.

Toute une production du paysage se développe désormais pour répondre aux évolutions du tourisme et aux attentes des consommateurs, avec un double objectif : brouiller les repères temporels (créer les conditions du dépaysement) et distraire (lutter contre l'ennui). Ce type d'équipements joue de la surprise en proposant des dispositifs étonnants qui se révèlent, paradoxalement, totalement codifiés. Richard Sennett les appelle des « espaces inoffensifs ». Mais ne seraient-ils pas plutôt des espaces régressifs, voire manipulateurs ?

L'artificiel devient le premier argument de vente : ces lieux *autosuffisants* proposent de plus en plus des équipements qui, logiquement, ne devraient pas se trouver là – mais plus personne ne s'en étonne –, comme les pistes de ski du plus grand centre commercial du monde le Dubai Mall à Dubaï ou, à une échelle plus modeste, le projet à l'étude près de Metz d'une piste couverte avec de la neige artificielle et un vrai télésiège.

Ils tournent délibérément le dos au site : c'est une génération spontanée qui nie toute attache avec un environnement géographique et politique particulier. Parcs à thèmes, île hôtel ou village club, tous s'affranchissent du lieu et de ses contraintes et pratiquent l'extraterritorialité et le hors-sol entraînant, au passage, un changement dans le statut de l'espace : celui-ci passe sous la responsabilité de sociétés privées[1]. Enfin, ils s'appuient sur des aménagements spécifiques qui mettent l'accent sur le plaisir et la surprise et tentent de faire oublier la recherche de profit.

Le modèle de Las Vegas

Je suis allée plusieurs fois visiter cette immense fête foraine et exposition universelle permanente. Le choc est toujours le même. Elle offre d'année en année des quartiers nouveaux monstrueusement hors d'échelle et des prouesses architecturales très figuratives et toujours plus kitsch, sans changer ses valeurs ni son idéologie. La ville dissimule sous un aspect bonhomme et enfantin un univers que ne renierait pas l'auteur de *1984*, et répond à une double demande : « La sécurité du désir et le désir de sécurité[2]. »

Las Vegas fascine et attire, repousse et effraie. Pourquoi fait-elle peur ? Parce qu'elle a réussi à supprimer toutes relations autres que marchandes, à transformer une excitation permanente en art de vivre et à donner ses lettres de noblesse au factice. Des générations d'architectes s'y rendent en pèlerinage. Ils y emmènent leurs

1. Équipe MIT, *Tourismes 2. Moments de lieux*, *op. cit.*
2. Bruce BÉGOUT, *Zéropolis*, Paris, Allia, 2002, p. 46.

étudiants et dissèquent cet archétype de l'architecture commerciale, frémissent, critiquent, cherchent le sens, écrivent des livres. Las Vegas est une sorte de loupe grossissante. Tout est trop. *L'Enseignement de Las Vegas*[3] invitait déjà les architectes à avoir un autre regard sur le symbolisme en architecture. L'ouvrage rend compte d'un travail avec des étudiants : il s'agissait d'étudier le Strip (le grand boulevard central) comme on a étudié l'Antiquité grecque ou romaine, en produisant une analyse précise pour comprendre cette nouvelle forme urbaine. Le philosophe Bruce Bégout a écrit, lui aussi, un essai passionnant. Il s'interroge sur cette ville « qui est dans l'attitude de l'enfant qui ne veut pas aller se coucher » : est-elle la forme suprême de dégénérescence de notre société de consommation ? Annonce-t-elle la fin de notre longue civilisation urbaine ?

Pour moi, Las Vegas est une sorte de « performance » du loisir, un loisir sans fin ni justification, sans alternance avec d'autres temps. Un concentré en quelque sorte.

Des milliers de personnes y vivent et y travaillent, et font tourner, de près ou de loin, une machine extraordinaire et bien huilée, plantée au milieu du désert fonctionnant 24 heures sur 24, 365 jours par an. Las Vegas s'est libérée de son environnement, de son climat et du calendrier. Sous le regard omniprésent des

3. Robert VENTURI, Steven IZENOUR, Denise SCOTT BROWN, *L'Enseignement de Las Vegas*, Bruxelles, Mardaga, 1971.

caméras, la journée se confond avec la nuit, il n'y a pas de repos dominical ni de jours fériés, encore moins de « ponts », les saisons restent imperceptibles, les espaces publics se mélangent aux espaces privés. Détaché de toute contingence extérieure, le rythme effréné résulte de son organisation interne et des « expériences », que Las Vegas fabrique pour s'inscrire malgré tout dans un certain rapport au temps. Les événements glissent des casinos et des hôtels vers la rue, à des moments déterminés, non pour animer gracieusement l'espace urbain, mais pour captiver, et donc capter, un public de badauds, en les attirant à l'intérieur. « La générosité architecturale et ludique de Las Vegas n'a d'égale que son appât du gain », souligne Bégout. Dans un décor en trompe l'œil scandé par des animations et une débauche d'éclairages, les constructions se juxtaposent sans jamais se répondre. L'inspiration fait appel à un imaginaire enfantin exactement comme Disneyland. Le grotesque et la vulgarité sont convoqués dans un délire kitsch qui tranche avec la surveillance exercée, l'écart ou l'anomalie étant immédiatement repérée et prise en charge par des polices privées.

Autour se déploient des quartiers d'habitation protégés et fermés (il faut bien loger les employés), des *gated communities* de standing divers. Il n'y a aucune référence à la ville classique. Las Vegas est un lieu totalement fabriqué entrelardé de lieux dupliqués : succession de parcs d'attractions reliés par des galeries marchandes, ou grandes artères bordées d'hôtels et de boutiques. Impossible, au bout d'un moment, de savoir si on est dedans ou dehors, seule la température change – glaciale à l'intérieur et moite à l'extérieur. Les galeries parées de faux ciels à l'éclairement variable et les gigantesques salles de jeux aveugles contribuent à la perte de tout repère. Le sentiment d'irréalité est accentué par le personnel grimé et costumé – de manière ridicule – qui arpente les allées avec des plateaux remplis de cocktails colorés et par le regard morne et vide des personnes assises devant les « manchots », assommées par la musique d'ambiance.

De temps à autre, le bruit si caractéristique des pièces tombant de la machine à sous dans un fracas qui évoque une cascade ou un glissement de terrain donne un semblant de réalité. La fortune. Le jackpot. Mais la grosse dame américaine ne manifeste aucune surprise, ne s'arrête pas, et continue imperturbablement à jouer. Un employé se précipite pour ramasser les pièces qui jonchent la moquette à fleurs et les range dans des petits seaux en plastique colorés semblables à ceux des enfants sur la plage. On ne peut s'empêcher de comparer ces gestes automatiques des clients hypnotisés par les manchots à la saisie fastidieuse sur ordinateur de données, aux mouvements répétitifs des ouvriers sur une chaîne, ou à ceux de la caissière d'un hypermarché.

On se demande parfois s'il s'agit de mannequins ou de figurants. Las Vegas transforme les gens en une ombre d'eux-mêmes. Pour tenir, clients ou travailleurs semblent se dépersonnaliser. La monotonie et la répétition libèrent de toute pensée, évitent tout apprentissage ou ajustement devant quelque chose de nouveau, empêchent toute hésitation, tout choix. Chacun reste enfermé en lui-même dans un plaisir solitaire au su de tous. Mais personne ne le regarde, ne le dérange ou ne l'interrompt dans une sorte d'anesthésie collective. Déambulant sous les néons, le touriste se comporte exactement comme prévu, s'exclamant régulièrement «*It's so cute*» et, lorsque la fatigue se fait sentir, se juche à nouveau sur un tabouret devant une autre machine. Aucune relation sociale, ici, mis à part quelques phrases avec les employés; juste un face-à-face abrutissant avec la machine à sous ou une attraction. Ainsi, ces fillettes qui se trémoussent côte à côte (mais pas ensemble) et tentent une chorégraphie compliquée sur une mélodie de leur chanteur préféré. Jouent-elles seulement? Elles suivent scrupuleusement le mode d'emploi: la machine indique où elles doivent poser leurs pieds.

Avec un jeu incessant sur les perceptions et l'illusion, des mises en scène sophistiquées et un étourdissement permanent, l'espace raconte une histoire et nous fatigue, nous épuise. L'artificiel s'appuie sur l'authentique et transforme l'authentique en artificiel dans une gigantesque farce qui révèle «l'impossibilité de croire à la vérité de l'autre[4]». C'est une autre forme

4. Bruce BÉGOUT, *Zéropolis*, *op. cit.*, p. 64.

de désorientation, un enfermement dans une bulle centrée sur les jeux de hasard, alors que rien justement n'est laissé au hasard. On quitte Las Vegas avec soulagement et on espère que Bruce Bégout se trompe quand il dit : « Las Vegas n'est rien d'autre que notre horizon urbain. Une préfiguration de notre avenir. »

Le monde merveilleux de D.

Disneyland a vu le jour, en 1955, à Orange en Californie. D'emblée, il se revendique comme un « royaume magique ». Le mot royaume est à entendre dans toutes ses significations : un pouvoir centralisé avec un roi et une reine à sa tête, mais aussi un lieu géographique qui dépasse de beaucoup le château ou la ville. En accolant le mot « magique », il se démarque naturellement du royaume des cieux pour se tourner vers le surnaturel, le rêve et l'enfance.

Entièrement clos, il reconstitue la *main street* idéalisée d'un bourg américain ordinaire, celle-ci menant au château de la Belle au bois dormant, directement sorti des ateliers de cinéma Disney. Autour sont organisés des attractions, des parcours, des mises en scène de la conquête de l'Ouest ou d'une maison hantée échappée d'un autre dessin animé. Références véritables et univers fictif des *cartoons* sont sur le même plan. On mélange allégrement le vrai et le faux, personnages réels et personnages de fiction, reconstitution historique soignée et univers imaginé et imagé.

Cela me rappelle les boîtes de Banania de mon enfance, et leur mise en perspective sans fond de la boîte dans la boîte dans la boîte, etc. : « Disneyland c'est le spectacle lui-même qui est mis en spectacle, le décor reproduit ce qui était déjà décor et fiction, la maison de Pinocchio ou le vaisseau spatial de la guerre des étoiles[5]. »

Le travail sur l'échelle est impressionnant : le labyrinthe de D. demeure un modèle du genre. Dans un endroit réduit, à l'aide de quelques haies habilement taillées, le tour est joué et tout le monde se perd. Parents et enfants se retrouvent sur un pied d'égalité, ce qui reste l'objectif premier de ce parc. De même, il est indispensable de cacher les files d'attente pour éviter toute impatience ou découragement. Les Américains, nos maîtres dans ce domaine, dissimulent la queue en la faisant serpenter dans un cadre plaisant, agrémenté de kiosques de boissons et confiseries. On y retrouve certains ingrédients de Las Vegas : un environnement délimité, clos sur lui-même où certains comportements sont requis comme l'émerveillement et la régression infantile, l'adhésion à une vision simpliste du monde, composé d'un côté de gentils et de l'autre de méchants

5. Marc AUGÉ, *L'Impossible Voyage. Le tourisme et ses images. Un ethnologue à Disneyland*, Paris, Rivages, 1997, p. 32.

repentis devenus gentils. Les vrais méchants étant repoussés à l'extérieur. Une variation des quartiers fermés que nous avons vus dans la première partie.

Le succès repose aussi sur la sécurité et la familiarité, comme l'explique un Américain en visite à Eurodisney Paris : « Quand j'étais gosse, Disney était un lieu où j'étais en droit d'attendre qu'on prenne soin de moi, qu'on boucle ma ceinture de sécurité, qu'on me sourie et qu'on me passe gentiment la main dans les cheveux. [...] Le château de Disney, qui figure dans toutes les pubs, est si omniprésent que désormais je m'y sens un peu chez moi. Il représente à mes yeux la sécurité et la bienveillance d'une façon si tangible que je me détends et me sens plus léger dès que je l'aperçois[6]. »

En effet, tout concourt à maintenir le visiteur dans un état second, une parenthèse dans un hors-temps historique et temporel pour vivre une expérience inoubliable. Censé être surpris et enchanté, il se retrouve immergé, en trois dimensions, dans les fictions qui l'ont bercé petit. Le plaisir de la découverte et de l'inconnu fait place à la reconnaissance de ce qu'on attend : tout est conforme, la réalité remplace la fiction. C'est cela la spécificité de Disney : retrouver son propre monde et ses souvenirs en trois dimensions.

Avec ses hôtels implantés au pourtour immédiat, le parc devient une destination touristique en soi. Sur ma

6. *Courrier international*, 24 novembre 2006.

carte Michelin, Paris et Disneyland figurent avec une égale importance. D'ailleurs, le parc attire autant de visiteurs que le Louvre et la tour Eiffel réunis et quatre fois plus de visiteurs que le château de Versailles.

Disneyland reste le précurseur de ces « espaces de loisirs et de divertissement proposant des activités diverses destinées à se détendre amuser et divertir[7] ». En France, on dénombre 200 parcs – 10 % du marché européen –, qui ont accueilli en 2006 près de 65 millions de visiteurs : les Français s'y rendraient, en moyenne, trois fois par an.

Dans toute l'Europe, des parcs à thèmes visent spécifiquement les enfants, et non plus l'enfant sommeillant dans chaque adulte (accompagné ou non, par la suite, de ses propres enfants). À Zirnhof, par exemple, au sud de l'Allemagne, mais aussi à Fresnes en banlieue parisienne, Playmobil Funpark met en scène ses fameux petits personnages dans un environnement à leur échelle. Le château baigne dans une musique du Moyen Âge, à la ferme, les enfants traient des vaches en plastique dont il sort de l'eau : ces derniers, pas idiots, savent très bien que le lait se trouve au supermarché dans des bricks de carton. Le circuit s'achève sur une boutique de Playmobil. En emmenant leur progéniture

7. Définition du Syndicat national des espaces de loisirs, d'attractions et culturels (SNELAC) et chiffres de l'Agence française de l'ingénierie touristique (AFIT).

dans un espace conçu exclusivement pour elle, dans un monde sécurisé et sans danger (sauf pour le porte-monnaie), les parents se rassurent sur leur rôle. Le parc à thèmes aurait-il des visées thérapeutiques[8] ? Et si les parents s'amusent, les enfants reviendront : au Fun Park de Vitry, le kart est gratuit pour les adultes et payant pour les petits.

Dernier en date, en Basse-Saxe en Allemagne, mais pour adultes exclusivement cette fois-ci, un équipement vient d'ouvrir pour les amoureux de la drague. On drague – le sol – du matin au soir grâce à des pelleteuses et excavatrices de vingt et une tonnes et plus, et des tracteurs à chenilles. Selon le promoteur du site, les femmes seraient d'excellentes conductrices, creusant avec tact et harmonie. Pour l'animer, il a organisé une chasse aux œufs de Pâques en pelleteuses, ou des matchs de foot à bord d'excavatrices.

Et pourquoi pas quelques attractions avec Adam et Ève ? À la suite d'un rêve, le Néerlandais Johan Huibers construit depuis 2005 une arche de Noé, un navire en bois de soixante-dix mètres de long sur douze mètres de hauteur. Il a respecté les proportions indiquées dans la Genèse mais réduit toutefois l'échelle et commandé toute une ménagerie en plastique aux Philippines. À terme, l'arche aura des ordinateurs avec des jeux interactifs sur le pont, un cinéma passera en boucle un

8. Odile BENYAHIA-KOUIDER, *Libération*, 1er-2 octobre 2005.

dessin animé de Walt Disney sur les aventures de Noé. À côté se trouveront une réplique du bateau emprunté par Jésus en Galilée et son tombeau (en polystyrène). Évidemment, le musée restera fermé le dimanche mais voguera au gré des canaux à la rencontre des visiteurs. Son propriétaire en espère 300 000 par an.

Des fondamentalistes protestants allemands projettent également, d'ici 2012, de construire un équipement dans le même esprit. Au menu : déluge dans des montagnes russes, restaurants dans la tour de Babel, arche de Noé grandeur nature et, cerise sur le gâteau, une attraction « pavillon de feu » sur le thème du Jugement dernier.

Vendre du temps et raconter une histoire : les parcs de loisirs dissimulent leur appétit pour l'argent sous des paillettes et du rêve et partagent les mêmes objectifs que la dernière génération des centres commerciaux qui pratique le *fun shopping* ou encore le *retailtainment*, (de *retail* – commerce – et de *entertainment* – divertissement). Il s'agit toujours d'occuper, de promener et d'émerveiller un public captif dans une atmosphère festive.

Les Français ne sont pas dupes, paraît-il, de ces lieux « magiques » où les Américains s'amusent autant, voire plus, que leurs enfants. Pourtant, ils se précipitent sans aucun état d'âme dans ces nouveaux centres commerciaux organisés autour du *fun shopping*, qu'ils soient en périphérie ou en ville.

Qui a remarqué que Paris Bercy était clôturé ? Ces anciens chais soigneusement restaurés abritent, de fait, un espace commercial privé qui se fond littéralement dans la cité. On se promène et on achète dans un cadre authentiquement urbain. D'un bout à l'autre de la planète, on ne sépare plus achats et loisirs : cinémas, patinoire, bowling, mur d'escalade ou encore planétarium cohabitent avec des boutiques et des hypermarchés. La ville entière tend à devenir un immense magasin à ciel ouvert et un nouveau terrain propice aux sports extrêmes.

Les surfaces commerciales assimilées désormais aux loisirs occupent une place physique de plus en plus importante. Si elles consomment aussi du temps, elles nous vident la tête. Dans un lieu sécurisé, on suit le cheminement prévu (Ikea est depuis toujours un modèle du genre en matière d'itinéraire imposé), on se laisse porter par un flux soigneusement canalisé, débarrassé de toutes autres contingences. Dans un consentement volontaire, en ayant l'impression d'y être libre de ses actes.

Faire plus vrai que vrai : Paris Plages

Paris Plages a des parentés avec ce modèle mais s'éloigne délibérément d'une consommation marchande obligatoire. Il y demeure une notion de gratuité absente des parcs de loisirs, de sensations diffuses plutôt que de la recherche d'émotions fortes de Las Vegas ou des parcs. Tous ces exemples se fondent sur un divertissement qui ne se décline pas toujours de la même manière. Les différentes significations du mot s'accordent sur l'idée de se détourner, de s'abstraire des préoccupations ordinaires ou des soucis. Paris Plages répond à cette définition à double titre, en proposant un divertissement, mais en détournant aussi, au sens propre, la ville de ses tracas quotidiens pendant quelques semaines.

Depuis 2002, chaque été, pendant un mois, la capitale est mise de côté. Un quai le long de la Seine débarrassé des voitures, un peu de sable (2 500 tonnes quand même), des chaises longues rayées bleu et blanc, des parasols et des caillebotis en bois, des palmiers en pots, des drapeaux bleus qui claquent au vent, des guinguettes et des jeux d'eau, une piscine de plein air, des cabines rayées également bleu et blanc, destinées non pas à se déshabiller avant de piquer une tête dans l'eau mais à abriter cafés, activités et petits commerces. Si j'étais Bertrand Delanoë, l'été prochain, j'organiserais un port de plaisance avec des jetées en bois pour faire encore plus vrai. Et l'année d'après je ferais venir les gros hors-bord du port de Cannes ou de Saint-Tropez. La saison suivante, j'aménagerais un village flottant comme dans la baie d'Along au Vietnam.

Paris Plages met en scène tous les archétypes des vacances : s'allonger sur une chaise longue, les pieds dans le sable, bronzer, faire semblant de lire, marcher sans but d'un point à l'autre, pratiquer mollement un sport, jouer à la pétanque, se rafraîchir sous les jets d'eau, regarder les autres ne rien faire ou se faire voir. Certains endossent le costume traditionnel du vacancier : bermuda, casquette et nu-pieds. D'autres restent en citadins, mais tous marchent plus lentement et profitent de l'endroit. Des milliers de personnes flânent, des gens de tous âges pique-niquent et s'inventent ensemble une nouvelle pratique de la ville, transgressant ainsi l'usage premier de cette route urbaine.

Car l'originalité réside dans la localisation, une voie express au cœur d'une capitale historique qui se transforme – magiquement – en un espace piétonnier sécurisé et magnifique. C'est un bel exemple de flexibilité et de mixité des fonctions : cette autoroute urbaine n'a jamais été pensée comme un lieu de balade et pourtant elle peut devenir le support à des promenades le week-end, ou une plage en été, à condition de le décider (et sans aucun frais supplémentaire en ce qui concerne les dimanches). Tout d'un coup, la ville hyperactive fait une pause dans une enclave préservée et fermée la nuit (il ne s'agit donc pas d'un espace public ordinaire). Il y a une parenté avec Paris Bercy, espace privé, lui, ouvert au public tous les jours de l'année.

Paris Plages induit un comportement enjoué et détendu, une certaine convivialité, à l'abri du monde extérieur. En déambulant, chacun participe à un spectacle mais, en même temps, chacun le produit par sa seule présence, d'où cette sensation d'artificialité étudiée par Bruce Bégout. Après Las Vegas, le philosophe s'est penché sur Paris Plages. Son constat est sévère. Il y voit une « forme dégénérée d'utopie urbaine » et souligne l'aspect factice de cette reprise de pouvoir par les piétons[9]. On se réunit pour célébrer quelque chose ensemble, mais quoi ? Le désir affiché de montrer le bien-être, la volonté de s'amuser lui paraissent un peu trop appuyés et suspects. Pour lui, Paris Plages, la fête des voisins, ou les circuits en rollers témoignent du changement des représentations de la ville. Celle-ci ne deviendrait vivable, appropriable qu'à condition de créer ces lieux privilégiés, ces havres de paix, l'espace d'un dimanche ou d'un mois. Il s'interroge : que signifie ce « délassement mollasson » ? Suffit-il d'expulser le négatif, de créer des microcosmes protégés à l'image des fameux quartiers d'habitation privés, en les ouvrant à ceux qui sont capables de s'y intégrer, en jouant le jeu de l'amusement et de la détente ? Il ajoute : « Les citadins ne pique-niquent pas, ils représentent le concept de pique-nique. » Est-ce une forme de purification anthropologique de la ville, qui ne met en évidence qu'« un homme hilare et détendu, qu'il consomme ou non, dans un univers de pacotilles aseptisé et simplifié » ?

Je ne suis pas tout à fait d'accord avec son analyse. À mes yeux, Paris Plages garde une singularité. D'abord,

9. Bruce BÉGOUT, « Approche de la ville binaire », *Inculte*, 1, 2004.

c'est un lieu (encore) gratuit. Ensuite, contrairement aux centres commerciaux s'inspirant du *fun shopping* où la seule alternative est de consommer ou de regarder les autres consommer, Paris Plages permet une appropriation et des usages détournés. Il suffit d'observer les familles prenant possession dès le matin d'un espace, en se comportant exactement comme sur une plage – serviette étalée par terre pour marquer un territoire, glacière, seaux et pelles disposés aux endroits stratégiques pour le défendre –, ou encore les bandes de jeunes qui viennent faire la fête toute la nuit (malgré les barrières et la fermeture la nuit). Même les SDF profitent de ces équipements éphémères comme les jeux d'eau pour faire un brin de toilette ou des chaises longues pour une petite sieste. Historiquement, les SDF dorment sous les ponts. Paris Plages les en chasse pendant l'été mais ils arrivent à transgresser – un peu – cette interdiction.

De même, les pique-niques collectifs ou les balades en rollers, qui ont rassemblé jusqu'à plusieurs milliers de personnes, signent une reconquête inédite du centre urbain jusque-là dévolu à la voiture. Bien sûr, le risque demeure que ces rendez-vous réguliers et ponctuels avec une ville plaisante, les pieds dans le sable, masquent l'urgence d'une véritable réflexion sur l'urbanité. Et le consensus autour d'opérations comme Paris Plages peut fausser le débat sur la ville, en ne proposant que des références estivales pour horizon.

Les paradis artificiels du tourisme

Pour s'abstraire de ses préoccupations quotidiennes, rien de mieux que de n'avoir rien à penser, prévoir ou réserver. Dès 1950, le Club Med invente le forfait tout compris (transport, hébergement et animations). Il s'inspire d'un modèle expérimenté à partir de 1936 en Angleterre et puise dans un imaginaire de mers du Sud, cocotiers, sable fin et fleurs exotiques. Le Club Med propose un nouveau rapport à la nature avec des villages de camps de toile au confort approximatif. Des paillotes puis des bâtiments en dur leur succéderont. Un système de troc avec colliers de perles remplace l'échange d'argent. Les rites initiatiques qui marquent la rupture avec le monde extérieur, l'abondance alimentaire des fameux buffets et la liberté sexuelle contribuent au succès de cette formule qui emprunte au mythe de Robinson Crusoé sur son île déserte mâtiné d'un éloge du farniente : *Sea, Sand and Sun* (et *Sex* ajouteront vite les clients). Malgré des localisations de plus en plus originales, le « village » reste totalement clos sur lui-même : les relations avec les autochtones se réduisent au strict minimum. On a fait le Sénégal l'année dernière, le Maroc cet été, on fera les Maldives l'année prochaine sans changer d'univers ni de mode de vie.

L'espace fabriqué du Club Med reste une enclave prise dans un pays hôte à la main-d'œuvre bon marché, au climat et à la végétation répondant aux attentes de ces nouveaux touristes. Il implique néanmoins un déplacement en avion et, par conséquence, un dépaysement de fait.

Pour éviter le trajet en avion, pourquoi ne pas fabriquer le paysage adéquat dans nos climats tempérés ? Les Center Parcs se sont attelés à cette tâche en construisant des cottages loués au week-end, à la semaine, ou à l'année dans un endroit fermé, bordé d'une véritable frontière à passer. Au milieu du site et sous une grande bulle de verre, piscine à vagues et palmiers en pots évoquent les mers chaudes à quelques dizaines de kilomètres de Paris. Un voyage en autarcie, entre soi, à nouveau totalement hors-sol. Balades à vélos et promenades dans une forêt gardiennée, plongeon dans l'eau turquoise, bains de soleil sous la verrière, on peut tranquillement « jouer à faire comme si, jouer au sens où des enfants jouent au docteur, au papa et à la maman, au gendarme et au voleur[10] ». À une échelle plus modeste, et à quelques stations de métro, l'Aquaboulevard propose le même voyage immobile, dans une nature artificialisée. Un cadre dépaysant, mais finalement toujours identique, palmiers, sable et bougainvillées, devient la condition *sine qua non* pour se sentir en vacances.

---

10. Marc AUGÉ, *L'Impossible Voyage. Le tourisme et ses images. Un ethnologue à Disneyland*, *op. cit.*, p. 63.

Dans les années 1965, de nombreuses stations de ski voient le jour dans des sites naturels savoyards exceptionnels. L'inspiration est, à l'époque, clairement urbaine : La Plagne est conçue comme la ville du skieur, sur un modèle théorisé et appliqué ensuite à d'autres stations. Des immeubles denses et hauts mais tout de même revêtus de bois, un front de neige sans voiture, pour le confort des skieurs ou des piétons qui circulent aussi à l'abri de galeries marchandes chauffées. Un télé-métro ou des télé-bus relient les stations de « banlieue » à la station centre. Celles-ci gravissent les cimes et s'implantent de plus en plus haut. Quelques décennies plus tard elles redescendent dans la vallée lorsque l'air du temps rejette ce type d'urbanisation au profit de la véracité du « village ».

Valmorel représente ainsi le modèle le plus abouti, « quasi idéal en ce sens qu'il a tenté d'éliminer tout ce qui avait pu poser problèmes et a retenu ce qui marchait ou devait marcher ». L'ambiance villageoise est mise en scène pour des citadins, avec place piétonne et four à pain, sans oublier la fontaine. Il ne manque plus que le lavoir. La coupure spatiale entre les habitants et les vacanciers reste nette, pour créer et faire vivre un lieu acceptable pour les touristes. Valmorel, « c'est l'art de faire passer de la ville pour du village et de l'initiative extérieure pour celle des gens du pays[11] ».

---

11. Sur les stations de sports d'hiver et l'aménagement des îles Maldives, voir Équipe MIT, *Tourismes 2. Moments de lieux*, *op. cit.*

La référence à la cité n'est plus du tout à l'ordre du jour, au contraire. Aujourd'hui, en altitude ou non, on offre un cadre « authentique » d'inspiration locale (festons, volets et balcons en bois) mais avec toutes les commodités, y compris du mobilier urbain pour drainer les files d'attente, et des escaliers mécaniques, dont le plus grand se situe à Vaujany, près de Grenoble, comportant quatre escaliers inclinés à 30° sur cinquante-deux mètres de long. Les vacanciers viennent faire du sport mais ne souhaitent pas s'épuiser à parcourir des distances pentues avant même d'arriver au pied des remontées. Ni perdre une minute. Certaines gares de télésièges ressemblent au trottoir roulant ultrarapide de la station de métro Montparnasse où trois agents de la RATP ramassaient les personnes qui trébuchaient à l'arrivée. On retrouve la même gestion des flux et un personnel nombreux pour aider les gens à s'embarquer à six ou huit le plus vite possible afin de ne pas ralentir la cadence. La mobilité jusque-là réservée aux cités et à leurs banlieues occupe désormais ce terrain « naturel » et renvoie le reste à un décor agréable.

À partir des années 1970, les moindres recoins de la planète sont colonisés par le tourisme. Au départ, ce sont les élites qui poursuivent leur conquête d'un territoire inexploré qu'elles transforment presque immédiatement en ghetto. L'argent leur permet d'en façonner des limites virtuelles. Après les déposes en hélicoptère au sommet des montagnes pour savourer des territoires vierges des traces de pas et de la sueur de la montée, c'est la mainmise sur des îles sauvages. On y garde les autochtones pour le service et l'animation des marchés locaux ou du port de pêche. Cependant, ces nouveaux touristes sortent peu de leurs résidences de rêve, et toujours accompagnés de quelques amis qui leur ressemblent.

À la même époque, les Maldives deviennent indépendantes. Aussitôt, un homme d'affaires italien, George Corbin, s'intéresse à ces minuscules îlots sans aucune infrastructure pour y créer des hôtels (deux en 1972, quatre-vingt-sept en 2003). D'emblée, le gouvernement sépare hermétiquement population locale et touristes en implantant les équipements touristiques sur des terres inhabitées qui appartiennent à l'État. Des excursions vers des îles villages sont autant d'occasions d'acheter des souvenirs (des preuves tangibles de sa venue ?) dans un cadre pittoresque. Ce découpage physique reste une façon de protéger l'État musulman des « hordes en bikinis » et d'échapper aux lois prohibant la vente et la consommation d'alcool. De même, l'heure légale décalée uniquement dans les îles hôtels permet aux vacanciers de profiter plus longtemps de la plage puis de dîner ensuite face au coucher du soleil. Tous ces dispositifs produisent un monde entièrement clos sur lui-même, sans habitants mis à part les employés, un monde où l'ennui guette.

Si les premiers touristes très sportifs venaient aux Maldives pour la richesse de la pêche sous-marine, ceux d'aujourd'hui apprécient de plus en plus le farniente et délaissent la mer au profit de bains en piscine. Les usines de dessalement de l'eau de mer ont permis la création de somptueux jardins botaniques et la fabrication d'une nature absente sur les îles voisines par manque d'eau potable. Même la terre a été importée. Le visiteur n'y voit que du feu et reste persuadé que toute cette partie du globe est un véritable paradis terrestre. Il n'imagine pas une seconde que la plage de sable fin est, elle aussi, artificielle, les dispositifs de stabilisation du sol étant soigneusement immergés et invisibles à l'œil. Sait-il seulement que l'île Thilafushi accueille chaque semaine les 2000 tonnes de déchets générés par 10000 visiteurs étrangers ? Chacun en produit quotidiennement 3,5 kg. Mais, aujourd'hui, les montagnes de poubelles débordent sur l'océan Indien et le polluent[12].

Bien que bénéficiant d'une nature luxuriante et de plages plus clémentes, les Seychelles, les îles Vierges et autres îles caraïbes ont adapté petit à petit leur environnement, leur paysage et leur végétation aux attentes des touristes.

Tous les lieux de vacances ne sont pas idylliques, loin de là. Benidorm en Espagne, l'un des plus fréquentés d'Europe et probablement le plus laid, met carrément mal à l'aise. Des centaines de barres et de tours ont saboté un magnifique front de mer. La densité au mètre carré est plus forte qu'à Paris, Londres ou Manhattan.

12. < novethic.fr >

« Les touristes de Benidorm savent très bien qu'ils se trouvent dans un lieu dont l'existence est la conséquence de leur venue, sa monumentalité renforce sa légitimité[13]. » Et c'est toute la différence entre le tourisme du plus grand nombre et celui de quelques-uns : l'élite découvre et s'approprie un territoire nouveau en ayant l'impression (fausse) qu'elle ne le « fabrique » pas.

Voir le monde à travers des lunettes de soleil

Cette expansion semble sans fin. Il faut répondre à la demande et la pression augmente chaque jour. À une époque où chacun est invité fermement à réussir chaque moment de sa vie, rater ses congés est inconcevable. Voyager est devenu aujourd'hui un synonyme de vacances. Explorer un lieu inédit, c'est encore mieux. Il sera pourtant exactement comme on se l'imagine, sans surprise désagréable, afin de pouvoir s'en abstraire au plus vite pour consacrer son temps et son énergie à se reposer, autre impératif actuel. Le délassement induit par un changement de cadre, de rythme et d'activités laisse désormais place à l'idée de ne rien faire, affalé sur une chaise longue, au soleil, face à la mer. Cette valorisation de la plage, des cocotiers et de la chaleur de l'eau ou de l'air reste cependant une invention

13. Équipe MIT, *Tourismes 2, Moments de lieux*, *op. cit.*, p. 212.

récente comme celle de se « vider la tête » ou de « faire un break ».

Dans un monde en perpétuel mouvement, on accorde une grande importance à ces pauses théoriquement bienfaisantes. L'immobilité devient possible uniquement en période de vacances et se symbolise par une chaise longue rayée bleu et blanc. De multiples bulles enchantées nous promettent donc le bonheur. Qu'est-ce qu'on fait dans ces paradis fabriqués ? Que reste-t-il dans cette inaction forcée, dans cet écrasement dû à la chaleur ? On est censé en profiter et voir le monde au travers de lunettes de soleil. La quête du bonheur passe par un dépaysement stéréotypé, par un étourdissement obligatoire les pieds dans le sable. Mais dans notre société du mouvement, ne rien faire débouche très vite sur le vide, l'ennui et l'angoisse. Et pour combler le vide, rien de tel que le divertissement fabriqué de toutes pièces. La boucle est bouclée. D'un bout à l'autre du monde les espaces de loisirs se ressemblent car ils s'inspirent des mêmes références et produisent, au bout du compte, les mêmes effets.

Se regarder ?

Pour lutter contre l'ennui, on peut aussi se regarder et jouer avec les regards. Observer les autres et se montrer. En effet, cette mise en scène permanente de l'espace favorise les jeux de regards, place chacun dans un rôle de spectateurs attentifs, prêts à croire les fictions transposées spatialement. Non seulement on se dévisage mais, dans un mouvement réciproque, c'est le regard de l'autre qui donne de la consistance et de l'authenticité à l'histoire.

Que serait Saint-Tropez sans la foule de curieux issus des campings avoisinants qui vient admirer les bateaux des riches vacanciers ? On a l'image du zoo en tête, mais qui sont les singes et qui sont les visiteurs ? À la place de la grille, une simple passerelle qu'aucune personne non autorisée ne franchira jamais. La clôture est bien là, invisible. Que pensent réellement ces personnes bien habillées et bronzées sirotant leur champagne sous l'œil des badauds en shorts et casquettes ? Chacun se réjouit de voir l'autre et de ne surtout pas appartenir à son monde, dans une grande complicité. L'un achète les revues dans lesquelles l'autre s'exhibe. Saint-Tropez demeure l'archétype de ce mélange de l'univers du show-biz, des grands patrons et du tourisme populaire qui se croisent et se regardent sans jamais se rencontrer. Saint-Tropez est un mélange inimitable d'espaces publics destinés à se montrer, d'espaces ouverts avec ses multiples campings et d'espaces totalement fermés composés de villas de rêve inaccessibles. « En effet ne pas se montrer à Saint-Tropez dans l'un des lieux les plus médiatisés de la planète est le comble du snobisme, le point ultime de l'aboutissement d'un processus [...] qui repose sur un certain nombre de logiques spatiales[14]. »

La possession d'une maison isolée avec vue sur la mer, perdue dans la nature au sein d'un endroit hyper-fréquenté signe une certaine appartenance sociale. Est-ce pour la mer ou l'idée que l'on se fait de la mer ? Ces merveilleuses bâtisses possèdent toutes une piscine et personne n'en sort jamais, sauf pour se montrer justement. Alors pourquoi pas la Creuse ? Parce que, au milieu de la Creuse, aucun badaud ne pourra attester qu'on est bien là, il n'y aura pas ces subtils jeux de regards.

14. *Ibid.*, p. 153.

TROISIÈME PARTIE

LA MISE EN SCÈNE DE LA TRANSPARENCE

Il existe déjà à l'étude des instruments qui pourront voir à travers les murs et fouiller les suspects à distance, en détaillant ce qu'ils ont sous leurs vêtements et à l'intérieur de leurs corps. On sera capable d'identifier et de rechercher ou même de « reconnaître » électroniquement des individus grâce à leur odeur, unique, avant même qu'ils aient eu le temps de commettre un crime. Et grâce aux caméras digitales à bon marché et aux nouveaux algorithmes de recherche très puissants, les individus seront suivis par ordinateur. L'anonymat est en passe de disparaître, même dans la foule qui l'a créé.

Mike DAVIS, *Au-delà de Blade Runner.*

7
FAIRE TOMBER LES MURS

Étant donné un mur, que se passe-t-il derrière ?
Jean TARDIEU.

« LA VIE PRIVÉE, C'EST UN *ESPACE MURÉ*, dans lequel il n'est pas permis de chercher à savoir ce qui se passe dans la maison d'un particulier. » C'est la définition que le dictionnaire donnait de la vie privée il y a cent cinquante ans[1]. Elle est tout à fait désuète aujourd'hui. Le slogan de Nokia au début des années 2000 : « Je n'ai pas une vie professionnelle et une vie privée, je n'ai qu'une vie » résume ce désir d'unifier toutes les facettes de son existence.

Cette nouvelle quête va contribuer à faire tomber les murs, dans tous les sens du terme. On recherche

1. *Dictionnaire Littré du français ancien*, 1863.

désormais l'ouverture. Tout le monde rêve de vivre dans un espace ouvert sur la nature et la lumière, comme la célèbre maison de verre de l'architecte Johnson. Ou dans un loft fluide et vaste où le regard n'est arrêté par aucun obstacle. L'architecte japonais Shigeru Ban a réalisé une maison étonnante avec des murs rideaux. Et pas seulement comme un système constructif classique – des murs qui ne participent pas à la structure de l'édifice –, mais aussi au pied de la lettre : chaque matin, on fait glisser sur une tringle les murs en tissu épais et isolants, et chaque soir on les referme.

La ville ceinte de remparts appartient à l'histoire : aujourd'hui elle marque ses limites par des périphériques ou des rocades. Les propriétés privées ne s'entourent plus de pierres ou de moellons. On devine le bout de gazon et la tache bleue de la piscine hors-sol derrière la haie de thuyas. D'autres dispositifs efficaces et bon marché remplacent le mur. Car le mur est contraignant et coûteux. Il crée un dedans et un dehors, il délimite, il sépare, il protège des intrusions. Chargé d'histoire, il évoque trop de périodes douloureuses. Trop voyant, il n'est plus en odeur de sainteté. On parle encore de lui sur un ton ironique ou négatif : être au pied du mur, parler à un mur. Ou faire le mur. Car le mur enferme aussi et vise à « quadriller, contrôler, mesurer, dresser les individus, les rendre à la fois dociles et utiles » : « La surveillance et la punition s'exercent à l'encontre de ceux qui sont dans les murs alors que ceux qui sont au-dehors se trouvent d'une certaine façon protégés des crimes que ne pourront commettre les prisonniers[2]. »

Son principal concurrent, employé depuis longtemps, reste le fil barbelé, un produit qui n'a pas changé depuis son apparition en 1874. Il offre des avantages indéniables[3]. Il se substitue à l'épaisseur de la pierre et autorise une grande flexibilité ; c'est donc un matériau moderne par excellence. Léger, invisible, facile à mettre en œuvre, économique, le barbelé se remplace et s'entretient aisément. Extrêmement fragile aussi, car une bonne paire de cisailles suffit à le mettre à mal. Il entoure d'abord les prairies américaines et signe la fin de l'espace libre, du nomadisme et de l'égalitarisme, soit les trois valeurs indiennes fondamentales, avec les conséquences qu'on connaît dans l'histoire des États-Unis. Pendant la Première Guerre mondiale on l'appelle la ronce artificielle. Il se révèle pratique en attaque comme en défense. Son image est aujourd'hui associée aux camps : il signifie la brutalité du pouvoir et l'exclusion. D'une redoutable efficacité, il renforce la connexion entre délimitation et surveillance, exclusion et inclusion. En effet, il sert autant à refouler à

2. Michel FOUCAULT, *Surveiller et punir*, *op. cit.*

3. Olivier RAZAC, *Histoire politique du barbelé. La prairie, la tranchée et le camp*, Paris, La Fabrique, 2000, p. 6-8. Évelyne PÉRÉ-CHRISTIN, *Le Mur*, Paris, Alternatives, 2001.

l'extérieur qu'à garder à l'intérieur. Le fil barbelé continue sa carrière à la campagne exclusivement. Trop lourdement connoté, trop voyant, on lui préfère, en temps de paix, des systèmes plus discrets.

Le grillage répond à ces nouvelles attentes de fermeture moins agressive. Depuis quelques années il fait l'objet d'un véritable engouement. Remis à la mode pour orner des portes de placard et leur donner un air campagnard, il devient vite un élément du vocabulaire architectural contemporain. Le grillage n'évoque plus le poulailler mais la modernité. Quelle victoire ! Avec lui, on clôture sans avoir l'air de clôturer : on défend simplement son territoire. Des opérations de logements sociaux lui donnent ensuite ses lettres de noblesse, comme la cité Manifeste à Mulhouse ou « Soleil intérieur » à Lille : des bâtiments de trois à quatre niveaux, des maisons individuelles étroites et hautes sagement alignées sur les quatre côtés de la parcelle s'intègrent discrètement dans le tissu urbain lillois. Au milieu, un vaste jardin, rythmé par les escaliers à l'air libre qui desservent chaque logement, est lacéré en minuscules parcelles toutes grillagées. Un chemin central, grillagé lui aussi, coupe le « jardin » en deux morceaux égaux. Ambiance carcérale garantie : on sort prendre l'air sur son petit bout de pelouse sous le regard de tous les riverains. Heureusement, à une certaine distance, on ne perçoit plus le grillage mais l'espace vert global.

Dans ce cas précis, cette profusion de limites grillagées vise à supprimer tout espace collectif et donc son entretien. Les cages d'escaliers ont également disparu au profit d'escaliers individuels dont chaque habitant assure le nettoyage et la maintenance. Les bailleurs apprécient évidemment et, curieusement, les habitants y voient une nouvelle liberté : ils ne sont pas obligés de saluer leur voisin de palier, en l'absence de ce dernier. On peut y voir une variante des quartiers fermés ; l'aménagement même induit l'évitement de l'autre et n'offre strictement aucun lieu de rencontre.

En version un peu plus chic, le grillage fait place à la grille, avec exactement les mêmes résultats.

Dans les espaces publics, les lieux de travail ou de distribution, ou encore à la maison, on affectionne ce matériau extraordinaire qu'est le verre, qui lui aussi sépare sans coupure visuelle. Il brouille les notions d'intérieur et d'extérieur qui se mélangent comme les différents points de vue d'un tableau cubiste[4]. Il enferme moins et protège de manière quasiment invisible. Il n'arrête pas le regard, mais nous coupe définitivement de multiples sensations comme le chaud, le froid, le bruit. Il permet aussi d'exercer une discrète gestion par le regard.

---

4. Richard SENNET, *La Conscience de l'œil. Urbanisme et société*, Paris, Éditions de la Passion, 2000, p. 98.

Pourtant, il n'y a encore pas si longtemps, vivre exposé (et vu) semblait aussi inimaginable que de se promener tout nu. La merveilleuse scène du film *Playtime* (1967) avec les invités assis dans un séjour entièrement vitré sur la rue nous le rappelle. « Que signifient la réussite, le confort, le progrès, si personne ne connaît plus personne, si l'on enlève des immeubles faits à la main pour les remplacer par du béton, si l'on déjeune dans des vitrines au lieu de se retrouver dans de petits restaurants où l'on a envie de parler, si l'épicerie ressemble à la pharmacie[5] ? » demandait Jacques Tati dans un entretien au journal *Le Monde*.

Ce matériau élimine l'opaque au profit d'une transparence totale : En effet, pourquoi aurions-nous quelque chose à camoufler ? Il ne produit pas d'ombre, juste quelques reflets. « Nous autres Orientaux, nous créons de la beauté en faisant naître des ombres dans des endroits par eux-mêmes insignifiants[6] » rétorque Tanizaki Junichirô en 1933. Effectivement, nous associons le caché, à la dissimulation, au sale, à l'impur, à l'angoisse, et non plus à la surprise ou la découverte. L'absence d'ombre, c'est le signe de la modernité.

La fin du XXe siècle a définitivement fait tomber les murs et affirmé ainsi la prédominance du regard. C'est la notion même de protection qui a changé.

---

5. *Le Monde*, 24 avril 1958.
6. Junichirô TANIZAKI, *Éloge de l'ombre, op. cit.*, p. 77.

On pourrait risquer un parallèle avec la voiture, cette bulle extrêmement vitrée qui maintient pourtant un très haut niveau de sécurité grâce, notamment, au verrouillage automatique des portes. Les vitres légèrement teintées (un rappel des lunettes de soleil ?) font office de filtre et contribuent à notre quiétude.

C'est peut-être le mur en tant que tel qui devient angoissant. On ne sait pas ce qu'il y a derrière. L'autre ne va-t-il pas surgir inopinément ? Dès lors, on préfère le voir arriver. Le mur, nouvel obstacle à abattre ? Il faut impérativement tout balayer d'un seul coup d'œil grâce à la caméra qui délimite un lieu sans barrer l'espace et permet un contrôle discret et interactif. La caméra rend notre environnement transparent et signe la fin de l'anonymat des promeneurs de la ville.

La transparence est désormais associée à la sécurité. Les systèmes actuels ne savent pas (encore) voir au travers des cloisons. Il existe pourtant un prototype de mur transparent truffé de fibres optiques. Signera-t-il un retour de l'enceinte ou éliminera-t-il définitivement la possibilité d'un véritable abri ?

Le mur devient barrière électronique : mis en place bien avant 2001, Vigipirate fait partie du paysage quotidien. Franchir des sas de sécurité, des portillons, montrer une pièce d'identité, passer sous un détecteur de métaux, ouvrir son sac pour effectuer une démarche administrative, à l'entrée d'un musée, d'un grand magasin ou d'un service public ne sont pas des marques de défiance mais des gestes ordinaires qu'on fait machinalement.

Les satellites ajoutent à leurs missions de communication de nouveaux services pour les particuliers. On peut visualiser n'importe quel point de la terre depuis le ciel et chacun se précipite pour admirer sa maison vue d'en haut, ou celle de son voisin, en s'extasiant sur le niveau de détail. La piscine de deux mètres sur trois y figure. Et on oublie la réciprocité : les émetteurs localisent immédiatement tout utilisateur d'un GPS ou d'un téléphone cellulaire. La dernière offre proposée par Google change le « Allo, tu es où ? » en « Allo, mais qu'est-ce que tu fais là ? ». Votre interlocuteur visualise, au moment de son appel, votre localisation. On perd la liberté du portable sans même s'en apercevoir.

Les dispositifs vidéo qui parsèment l'espace urbain sont aujourd'hui aussi ordinaires que les lampadaires ou les poubelles. Avec eux, nous entrons dans l'ère des espaces angoissants ou nerveux, ceux « qu'on ne peut occuper sans être constamment sous la surveillance de patrouilles ou/et de dispositifs électroniques reliés à des centrales de sécurité[7] ».

Surveillance et sécurité sont désormais synonymes, et plus personne ou presque ne s'insurge contre cet usage immodéré des caméras. Quasiment invisibles, elles sont perçues par une écrasante majorité comme des

7. Richard SENNET, *La Conscience de l'œil. Urbanisme et société*, *op. cit.*

anges gardiens électroniques. Les systèmes terrifiants décrits dans la littérature et les films de science-fiction deviennent aujourd'hui des compagnons fidèles et sans danger, qui traqueraient uniquement les malfaiteurs potentiels et ne s'intéresseraient – en aucun cas – aux citoyens ou aux travailleurs ordinaires. Nous nous sommes fabriqué un monde de contrôle latent qui produit un nouvel ordre disciplinaire : la transparence, associée désormais au bien, à la morale et à la purification, a gagné sur l'anonymat, l'opacité ou le secret devenu quelque chose de répréhensible. La quête d'authenticité et d'unité implique de tout dire et tout montrer. Ne pas le faire devient suspect et vous classe définitivement hors de la société. Les questions posées aux personnalités politiques qui s'égarent dans des émissions télévisées de divertissement en témoignent. Plus personne ne s'étonne de la violence des questions et de cette intrusion dans l'intime.

8
L'ESPACE OUVERT

> Il y a d'abord ceux qui travaillent dans d'immenses cages de verre, par légions, et dont aucun mouvement ne saurait échapper à l'œil du chef de service isolé dans son alvéole. La ruche transparente met au supplice les petits qui ne peuvent plus se gratter le nez ou prendre du chocolat dans leur tiroir sans avoir l'impression d'être épiés.
>
> Pierre DANINOS, *Un certain monsieur Blot.*

À L'ORIGINE, LA DÉNOMINATION D'ESPACE ouvert était réservée aux abords autour des cathédrales : on était tenu de porter secours et assistance aux personnes qui y séjournaient[1]. Aujourd'hui, espace ouvert est devenu un synonyme d'espace de travail.

Depuis plusieurs dizaines d'années, les lieux de travail ont été l'objet d'une rationalisation intensive et leur

1. Zygmunt BAUMAN, *La Vie liquide*, Rodez, Le Rouergue-Chambon, 2006.

aménagement ne fait plus débat. Les discussions acharnées autour des nomades et des sédentaires dans les années 1990, les espoirs suscités par le télétravail, les inquiétudes face à l'irruption du micro-ordinateur, les querelles sur le bureau paysager, ses avantages et ses inconvénients sont de l'histoire ancienne.

Actuellement, on a de moins en moins de prise sur son activité. La vitesse et la rapidité priment. Chacun a pris l'habitude de faire mille choses en même temps dans des conditions de plus en plus acrobatiques. On travaille partout : en conduisant, en se déplaçant, entre deux rendez-vous, etc. Les cafés, les aéroports, les gares et même les squares deviennent d'immenses bureaux paysagers. On trimballe sur soi en permanence les outils du travail (mobile, portable, clé USB) qui appartiennent aussi à la vie privée. La frontière entre les deux univers s'estompe. De plus en plus tout dépend de soi, de son organisation, de ses propres capacités : être performant au travail tend à devenir une affaire exclusivement personnelle. Du coup, le bureau comme espace perd de son importance. On en parle moins.

De l'espace flexible... à l'espace liquide

L'immobilier coûte cher et reste le deuxième poste de dépenses (après les salaires) pour une entreprise. Pour réaliser des économies de surface, on expérimente de nouvelles formes d'organisation et d'aménagement.

On a délaissé une disposition hiérarchique des personnes (à chacun selon son rang) : le mobilier est quasiment le même pour tous et les surfaces diminuent de 23 m² en moyenne pour un bureau en 1995 à 15 ou 12 m² aujourd'hui. En bureau paysager, chaque personne bénéficie aujourd'hui de 7 à 10 m² et de 4,5 m² en centre d'appels.

On innove aussi. Dès 1995, les entreprises de consulting donnent le ton en supprimant les bureaux cloisonnés et personnels. Accenture, la première, impose l'abandon définitif d'un poste de travail attitré. Chacun, quel que soit son statut, réserve son bureau pour deux heures ou deux jours et le range avant de partir. Sa seule possession privée se résume à un petit placard fixe ou un meuble sur roulettes. Désormais, l'organisation de l'espace dicte sa loi sur le travail, et chacun se plie à ce mode d'emploi.

Une autre façon de faire des économies est d'attribuer à une équipe de huit personnes un bureau conçu pour quatre ou six, en partant du postulat que le tiers ou la moitié du temps de travail se passe en réunions extérieures.

Dans le même temps, le bureau paysager prend son essor. Il permet d'accueillir plus de personnes sur une même surface. Chacun dispose d'une table, d'une chaise, d'un ordinateur, d'un téléphone, de quelques rangements, le tout sur une emprise très faible. En contrepartie de cet appauvrissement individuel, la surface des lieux de rencontres (pause-café, réception, réunion) augmente. Les bureaux de dirigeants – est-il nécessaire de le préciser ? – semblent avoir échappé à ces bouleversements.

Avant le règne du bureau paysager, on avait recherché la souplesse en troquant les murs en dur pour des cloisons mobiles ou amovibles. Mais reconfigurer sans arrêt les bureaux-pièces et les bureaux-postes de travail restait coûteux : il est beaucoup plus facile de faire bouger les personnes plutôt que de transformer les lieux. Et rien de tel pour cela que des plateaux basiques sans cloisonnement.

Depuis sa naissance, en 1958, à Mannheim en Allemagne, le bureau paysager s'est imposé par sa simplicité de mise en œuvre. Contrairement aux pools de dactylos, disposées comme des écolières dans une classe, il proposait une implantation des personnes calquée sur leur activité et leurs besoins de proximité et de communication. Des principes peu à peu oubliés. Au fil du temps, il se métamorphose en un espace dense, bruyant et fatigant que les utilisateurs n'aiment guère. Avec le bureau ouvert, l'égalité prime mais les différences persistent : mieux vaut être à proximité d'une fenêtre bien orientée, à l'écart des circulations, que près de la photocopieuse et des toilettes.

Malgré les critiques, le bureau paysager se porte bien, avec un niveau de confort correct, une climatisation moins bruyante, des connexions informatiques et télématiques fiables. Les utilisateurs s'adaptent rapidement à cet espace « liquide » qui ne présente aucune aspérité mais aussi aucune prise. De toute façon, ont-ils réellement le choix ?

Splendeur et misères du bureau paysager

Le bureau ouvert répond aussi au souci louable d'apporter plus d'éclairage naturel à chaque endroit du plateau. Le verre et la transparence gagnent. Et, paradoxalement, il faut ensuite déployer mille ruses pour se protéger des reflets du soleil sur l'écran de l'ordinateur, et bien sûr des autres. Chacun désire une ambiance ouverte et lumineuse, sans forcément réaliser qu'il sera alors très exposé.

Comment vivre et travailler dans un espace ouvert, *offert* aux yeux et aux oreilles de tous ? La contrainte sur les corps est totalement intériorisée. Les jeux de regards prédominent dans un double mouvement de regards d'assiégé – je suis continuellement observé ou susceptible de l'être – et d'assiégeur, lorsque je lève les yeux et que je regarde. Ainsi, je suis écouté et, à mon tour, j'entends tout. Dans ce décor, chacun module son comportement et s'habitue à cette transparence : être vu et voir est banal, comme être écouté ou écouter.

L'espace de travail se transforme en une *scène* de théâtre avec ses codes et ses rôles convenus. En l'absence de murs, impossible de se cacher, de décorer ou s'approprier un petit coin. On peut juste choisir son fond d'écran. On passe un temps fou au bureau, mais on fait comme si on y était juste un court moment. Exactement comme sur Internet. Enfin, l'aménagement identique délivre un message fort : vous êtes tous standards et interchangeables.

On pense à l'analyse du Panopticon faite par Michel Foucault[2]. Cette prison imaginée par Bentham en 1791 est un modèle architectural : au centre, une tour, en périphérie, un anneau. Celui qui se tient dans la tour centrale voit à chaque instant les détenus, sans être vu lui-même. Ces derniers se comportent comme s'ils étaient observés, même s'ils ne le sont pas. Le panoptique « induit chez le détenu un état conscient et permanent de visibilité qui assure le fonctionnement automatique du pouvoir. Faire que la surveillance soit permanente dans ses effets, même si elle est discontinue dans son action[3] ». Bentham avait d'ailleurs imaginé de compléter son dispositif par une surveillance acoustique à l'aide de tuyaux et l'avait abandonnée peut-être pour empêcher les détenus d'entendre, à leur tour, les surveillants. Bentham s'émerveillait de la légèreté de

2. Michel FOUCAULT, *Surveiller et punir*, *op. cit.*
3. Jeremy BENTHAM, *Le Panoptique*, Paris, Belfond, 1977.

son invention : « Plus de grilles, plus de chaînes, plus de serrures pesantes. »

L'aménagement particulier de l'*open space* répond, lui aussi, au désir de surveillance de la hiérarchie. L'*open space* agit directement sur les individus, car « celui qui est soumis à un champ de visibilité et qui le sait reprend à son compte les contraintes du pouvoir. Il les fait jouer spontanément sur lui-même. [...] Il devient le principe de son propre assujettissement » dit encore Michel Foucault. Pour lui, ce dispositif important « automatise et désindividualise le pouvoir. Celui-ci a son principe moins dans une personne que dans une certaine distribution concertée des corps, des surfaces, des lumières, des regards ».

La contrainte s'exerce aussi sur le travail. Ainsi, l'emplacement des outils de bureautique (fax, imprimantes, etc.) regroupés sur un coin du plateau autorise une surveillance discrète des allées et venues. De même l'espace ouvert impose un travail *propre*, *rangé*, à l'image du four à micro-ondes. Grâce à lui, on cuisine désormais sans rien salir. En supprimant les murs et en limitant les rangements, les décideurs souhaitent accélérer le « zéro papier » et obtenir le respect de normes précises en laissant de côté les habitudes personnelles.

L'espace ouvert, qu'il poursuive ou non l'objectif louable d'apporter à chacun de la lumière naturelle, induit la problématique du « voir et/ou être vu ». Il contribue à la dégradation des conditions de travail pour une part non négligeable, même s'il n'est pas le seul responsable. Mais on sous-estime toujours son rôle de contrôle. La littérature romanesque apporte son éclairage sur la question et le succès inattendu de certains titres, comme *L'open space m'a tuer*[4], témoigne de ce malaise profond. La transparence des espaces a plusieurs effets : elle rend visibles les processus, accélère la taylorisation, empêche toute intimité et renvoie les individus à leur propre transparence.

Dans le monde du travail, les actionnaires sont physiquement absents, les clients s'éloignent, restent les employés encore arrimés à leur espace dupliqué.

On assiste à une nouvelle forme de dématérialisation : de nombreuses sociétés apportent un plus grand soin à leur site Internet qu'à leur siège social. L'adresse Web a un avantage incontestable : elle est démocratique. Le nom du site, contrairement à une adresse physique, n'indique, par exemple, rien du standing. On expérimente aussi des bureaux virtuels : installé n'importe où, vous demandez à votre ordinateur équipé de caméras, de projeter autour de vous un environnement classique de bureau.

---

4. Alexandre DES ISNARDS, Thomas ZUBER, *L'open space m'a tuer*, Paris, Hachette Littératures, 2008.

Des histoires de mode d'emploi : zen ou zap

Je voudrais prendre un exemple pour réfléchir au rôle dévolu à l'espace ; il pourrait se révéler une voie prometteuse pour rendre plus supportable le bureau ouvert. On néglige en effet toujours de donner le mode d'emploi. Or il me semble que si chacun se plie à des règles connues, éventuellement contraignantes, mais qui répondent à des besoins, on peut faire fonctionner un espace quelle que soit la disposition adoptée. On voit ainsi des usages différents dans des lieux similaires.

La SNCF, par exemple, utilise les mêmes rames pour des services variés. iDNight est un train de nuit comprenant une voiture discothèque à la lumière tamisée (en fait une voiture-bar) propice aux rencontres, qui roule le vendredi soir et le dimanche soir, avec un DJ aux platines pour danser jusqu'au bout de la nuit. Une initiative destinée à redynamiser le créneau des trains de nuit et à séduire une clientèle jeune (Paris-Hendaye pour quinze euros). Le iDnight complète l'offre des iDTGV qui circulent de jour. On achète son billet exclusivement sur Internet et on choisit, selon son âge ou son degré de fatigue, entre ambiance zen ou zap.

Dans une voiture zen, le silence est requis, et gare à celui qui laisse son téléphone branché ou fait tomber son stylo. En voiture zap, on rencontre des amis, on parle et on rit, dans une atmosphère bon enfant, sous la surveillance d'un *barrista* qui s'occupe de vous. Ici, les voitures sont strictement identiques, seuls les comportements changent. Le ton est donné par ce qu'on a le droit de faire (ou de ne pas faire). Cet exemple montre deux choses.

Premièrement, on peut changer la fonction de quasiment n'importe quel endroit sans en modifier l'aménagement. Il suffit d'en faire connaître le fonctionnement et de se donner les moyens de le faire respecter : dans chaque rame zen, un agent de la SNCF passe et rappelle les comportements attendus et le silence demandé. Ainsi, lors d'un voyage, je demande au contrôleur l'autorisation de m'installer en zen, alors que je possède un billet zap. Lorsqu'il passe, il me repère dans un bloc vacant de quatre places avec de nombreuses feuilles soigneusement empilées devant moi. Il s'approche et me dit : « Vous ferez attention de ne pas faire de bruit en tournant vos pages ! »

Deuxièmement, dans ce cas précis, une segmentation toujours plus fine des marchés permet de toucher des consommateurs ciblés et identifiés.

Dans sa relation même à l'espace, le train garde une spécificité. Comme dans son logement, on peut bouger, marcher, affranchi de toute ceinture de sécurité, même si on passe le plus clair de son voyage immobile au milieu d'un paysage mouvant, enfermé dans un volume clos. Il offre une plage de temps bornée, avec relativement peu de sollicitations extérieures, propice à la méditation et au travail. Pour beaucoup, Il est un banal bureau paysager muni de prises électriques. J'y ai écrit de nombreuses pages de ce livre – en les maniant avec discrétion, évidemment !

La boîte noire au bureau

Avec l'absence de cloisonnement, le bureau paysager est censé « favoriser la communication » à condition de travailler en silence car toute conversation représente une nuisance pour les autres. Une ambiance de bibliothèque ne convient pas à des gens qui passent leur vie au téléphone. Du coup, la parole est confisquée, la proximité devient une gêne, les distances courtes ne suffisent pas à induire des échanges.

On se réfugie dans les mails. Avec ses copies (y compris à ceux que ce message ne concerne pas directement), le mail diffuse l'information tous azimuts et illustre magnifiquement la transparence et le contrôle latent. On préfère pourtant ne pas trop s'y attarder. D'autant plus qu'il offre des contreparties pour ceux qui ont accès de chez eux à l'Intranet de l'entreprise. On n'a plus besoin d'être au bureau, on peut faire comme si.

Le mail met en visibilité l'activité de chacun tout en diluant les responsabilités. On s'appuie sur des groupes aux contours mal définis pour s'exprimer sans ambages, parfois avec agressivité contrairement à un mail adressé à un interlocuteur unique. Il modifie sérieusement la représentation classique de la hiérarchie et des circuits de communication.

De plus, en espace ouvert, on passe naturellement du contrôle à l'autocontrôle croisé. Les autres – pas seulement la hiérarchie mais tous les autres – regardent, écoutent, scrutent, enregistrent, se surveillent mutuellement sans même en avoir conscience. Les pilotes savent que leurs conversations et leurs gestes sont enregistrés à chaque instant, mais ce n'est qu'en cas de problème que la boîte noire sera décryptée. Ces enregistrements sont spécifiques au déplacement (avion, camion, etc.).

Dans l'espace immobile du bureau, la *boîte noire* fonctionne en permanence. La meilleure illustration reste le centre d'appels : 350 centres en France, où travaillent 250 000 salariés, assis devant un ordinateur, un casque vissé à l'oreille, sur un plateau. Le cadre n'est pas terrible, l'ambiance bruyante, jusqu'ici rien d'extraordinaire. Ce qui l'est plus, c'est la prescription et le contrôle permanents. Un ordinateur compose les numéros de téléphone, l'opératrice découvre la fiche client au moment où l'interlocuteur décroche, la déchiffre à toute allure : « Bonjour Madame Pélegringue » ou « Bonjour Madame Pélegrine, Carole Martin de la société X. » Carole Martin est le pseudo de la semaine, utilisé par tous. Puis elle déroule la procédure, lit, complète et valide une liste de prescriptions.

Qu'il s'agisse d'appeler pour démarcher ou de répondre à des clients généralement mécontents, la durée de la communication, comme la cadence des appels, est imposée par la machine. La file d'attente virtuelle s'inscrit de façon bien réelle en bas de l'écran, la durée de l'entretien et, bien sûr, son dépassement par rapport à la norme fixée, en rouge.

Par contre, lorsque le chef écoute la conversation pour vérifier si les réponses sont appropriées (mais pas pour traquer les incivilités de clients qui insultent la personne qui ne fait qu'appliquer une procédure pensée par quelqu'un d'autre), cela ne s'inscrit pas. Le contrôle s'effectue d'une part par le flux des appels entrants ou sortants, et, d'autre part, par l'impossibilité de sortir des procédures : des phrases toutes faites, un choix limité de mots autorisés. Il n'y a plus de place à la réflexion, la ruse, l'expérimentation, le bidouillage, tous les ingrédients ordinaires du travail. D'ailleurs, lorsqu'un robot remplace l'opérateur, les gens ne s'aperçoivent pas toujours, paraît-il, de la substitution ! Toute relation humaine est évacuée. Le turnover impressionnant légitime ces difficiles conditions d'exercice : de toute façon, les opérateurs restent le moins de temps possible dans cet univers taylorien aux pauses imposées et aux horaires acrobatiques.

Le fonctionnement du *call center* est-il une préfiguration de ce qui nous attend ? On peut naturellement se poser cette question. D'une part, les espaces de travail rétrécissent de jour en jour et semblent prendre modèle sur lui. D'autre part, on sait aujourd'hui enregistrer les conversations virtuelles ou réelles, vérifier le temps d'élaboration d'un document, le nombre de clics nécessaires à sa confection.

Pour l'instant, ce n'est pas vraiment utilisé, mais qu'en sera-t-il demain ? Les gens disposent encore d'une certaine marge de manœuvre dans leur relation « intime » à l'outil. Cependant, on observe une banalisation de l'ordinateur perçu comme une chose de moins en moins *privée* : on utilise un poste ou l'autre, dans les petites structures tout le monde emploie le même mot de passe. Le *privé* s'est déplacé sur le téléphone portable qui reste un objet totalement individuel aux multiples usages relevant autant du professionnel que du personnel, autant outil de travail que jouet, voir doudou rassurant.

Toujours s'amuser, même au bureau

On ne parle que du stress, fléau numéro un du monde du travail. Plutôt que de s'interroger sur les conditions de travail et les pressions incessantes, les entreprises développent des salles de méditation comme Canon dans son siège de Tokyo, ou des pièces dévolues au repos. Kodak a prévu dans son usine de Rochester, dans l'État de New York, une « salle d'humour » pleine de jouets, de jeux et de vidéos. Est-ce la meilleure façon de diminuer la fatigue mentale des salariés ?

Après les séminaires sportifs (sauts à l'élastique, descente en canoë ou randonnées en montagne) les entreprises s'essayent aux jeux collectifs *in situ* pour détendre leurs collaborateurs. Les séances de baby-foot restent un classique. Plus rares, les jeux de construction Lego ou le jeu de boules en mousse (chez Yahoo). Des sites vendent des *punching-balls* ou des fléchettes. Les jeux guerriers ont la cote (mini-tanks, hélicoptères téléguidés, lance-missiles, etc.). Ces moments de détente en équipe limitent peut-être les jeux individuels, véritable calamité des bureaux depuis qu'on peut se procurer un bouton anti-panique (19 €) qui réaffiche le dossier en cours par-dessus sa réussite lorsque quelqu'un s'approche. Se détendre avec quelques gadgets, des *executive toys*, venus du Japon ou des États-Unis, est toléré. Plus étrange, on peut se procurer des kits complets de poupées, non pas pour jouer à la dînette, mais pour jeter des sorts à grand renfort d'aiguilles.

Enfin, certains consultants s'inspirent des codes des jeux vidéo (mécanisme de quête, système de récompense, guilde pour coopérer ou atteindre un but) pour développer l'esprit de compétition dans l'entreprise et suggèrent d'afficher les bons points sur le badge de la personne. D'autres encouragent les *serious games* pendant les heures de travail, qui ressemblent à des jeux ordinaires sauf qu'on ne mitraille pas à tout-va. Mais c'est à peine moins violent. On passe des épreuves, on franchit des étapes pour une formation, une simulation de conflits ou un recrutement. Car c'est bien connu, dans le jeu vidéo, le joueur est acteur. Faire jouer le personnel pendant une heure, ou une journée, devient donc une nouvelle manière de le rendre acteur. *CQFD*[5].

On s'est démené au fil du temps, pour lui réduire son espace vital, le surveiller comme un petit enfant susceptible de faire des bêtises, lui limiter son autonomie, le river à son ordinateur, lui faire faire un travail toujours plus taylorisé. Pour tenter de remédier aux dégâts, on lui propose de jouer de temps à autre. Régression, quand tu nous tiens, on ne peut plus penser !

Des bureaux aux tours

Implantés dans une tour ou dans un immeuble ordinaire, les lieux de travail se ressemblent. Tous les plateaux sont ventilés et éclairés artificiellement, chauffés et desservis par des ascenseurs. La plupart fonctionnent à l'air conditionné qui « fait croire à son propre déconditionnement de l'univers environnant » souligne Bruce Bégout[6]. Il vous coupe des sensations les plus élémentaires, en vous maintenant à la même température du matin au soir et d'un bout de l'année à l'autre. L'air conditionné a-t-il un effet anesthésiant sur le cerveau ? Dans les centres commerciaux

---

5. < officeplayground.com >, <mageekstore.com >. Voir *Le Journal du dimanche*, 18 novembre 2007 ; Camille FÉVRIER, « Noël existe aussi pour les jouets de bureau », *Le Monde*, 4 décembre 2007.

6. Bruce BÉGOUT, *Zéropolis*, *op. cit.*

on conjugue le traitement de l'air avec une musique d'ambiance qui plonge dans un état second. Les espaces tertiaires, eux, baignent dans le bruit des imprimantes, le clapotis des claviers, les sonneries et conversations.

Avoir son bureau au quatrième ou au trentième étage change-t-il quelque chose au travail ? La vie quotidienne se caractérise par la densification des plateaux ouverts et l'absence d'espace personnel, le manque total d'intimité (lors de la restructuration de la tour Ariane à la Défense, l'effectif auparavant sur trois plateaux « tient » désormais sur deux), le niveau sonore important qui génèrent fatigue et stress. Mais s'agit-il vraiment d'une spécificité des tours ? En effet, dans les entretiens, chacun met l'accent sur les difficultés accrues du travail liées aux nouvelles technologies (vitesse et dématérialisation des échanges) davantage que sur le cadre de travail proprement dit.

On s'est habitué aux tours de bureaux. Pourtant leur caractère anxiogène est connu : anonymat, manque de repérage, insécurité, désorientation spatio-temporelle, symétrie, monotonie, absence de relation avec l'environnement extérieur. Alors que le discours dominant prône la concentration dans un même lieu d'une entreprise tout entière pour favoriser les échanges, de sérieux problèmes de circulation entre les plateaux perdurent, chaque niveau étant sécurisé et fermé. De même, l'angoisse de la hauteur reste une réalité qu'on occulte. Le sujet demeure tabou même si, après le 11 septembre 2001 – mais pendant quelque temps seulement –, les craintes et l'horreur, socialement admises, ont été mises en débat.

En revanche, l'explosion des systèmes de sécurité intimement liés aux tours peut générer des dysfonctionnements, voire de nouvelles pathologies. Ils s'ajoutent à la vidéosurveillance effectuée partout sur les salariés. Il est difficile de savoir si l'omniprésence des dispositifs de sécurité contribue à désamorcer l'angoisse ou au contraire la réactive sans cesse. « Les systèmes de détection d'une grande part des nouvelles tours de bureaux de Los Angeles comprennent déjà dans leur éventail panoptique la vision, l'odorat, la sensibilité à la température et à l'humidité, les capteurs de mouvement et, dans certains cas, l'ouïe. Certains architectes annoncent dès maintenant que le jour est proche où les ordinateurs intégrés à un immeuble, artificiellement intelligents, seront en mesure d'afficher et d'identifier sa population humaine, et même de réagir en fonction de ses états émotionnels, particulièrement la peur ou la panique. Sans l'aide d'un personnel de sécurité, le bâtiment sera lui-même capable de gérer des crises, qu'elles soient mineures (en donnant l'ordre à des personnes extérieures de sortir, ou en les empêchant d'utiliser les toilettes) ou majeures (en enfermant des cambrioleurs dans un ascenseur) » écrit Mike Davis[7].

---

7. Mike DAVIS, *Au-delà de Blade Runner, op. cit.*, p. 26.

Difficile d'aller contre ce mouvement, pour la sécurité de tous bien sûr, mais aussi parce que les automatismes et autres systèmes de surveillance électronique contribuent à réduire la facture énergétique en descendant les volets ou en ouvrant les fenêtres à bon escient. Il n'empêche cela ne risque pas de contribuer à rendre le personnel acteur et maître de son environnement immédiat.

9

CLIENTS VIRTUELS ET USAGERS RÉELS

> Les entreprises vendent du temps de cerveau humain disponible, le temps de ses ressources humaines. Si une entreprise arrive à mesurer le temps passé de chaque cadre, elle a un suivi optimal de l'activité de la boîte. Eh bien, avec les nouvelles technologies, on y arrive !
>
> Alexandre DES ISNARDS, Thomas ZUBER,
> *L'open space m'a tuer*

DEVANT LES PROUESSES TECHNOLOGIQUES permises par l'informatique, permettant une surveillance fine et invisible, on peut se poser une question : pourquoi maintenir un espace ouvert et transparent ? On pourrait imaginer des pièces fermées munies de caméras reliées à une centrale. L'espace a-t-il encore un rôle à jouer dans ce contrôle ? N'est-il pas paradoxal de l'utiliser dans ce but ? Peut-être, tout simplement, parce que l'espace ouvert reste gratuit, à double titre. D'une part, on économise le prix des cloisonnements, d'autre part, on obtient un résultat immédiat même en l'absence de caméras. De nombreuses organisations vont opter pour « ceinture et bretelles » et mettre en œuvre la transparence et la vidéosurveillance.

L'organisation du McDo ou la gestion par le regard

Il existe des variantes dans cette veille quotidienne, qui touchent de nombreux espaces dupliqués banals. Comme dans les bureaux, mais en allant nettement plus loin, ils s'appuient sur une conduite par le regard.

À l'opposé des musées qui ressemblent à des magasins, ou des boutiques de luxe qui imitent les galeries d'art, les espaces dupliqués n'ont pas la prétention d'être autre chose que ce qu'ils sont. En périphérie ou au cœur des villes, identifiables au premier coup d'œil, ils offrent imperturbablement le même niveau de prestations et de confort. Comment fonctionnent-ils, au jour le jour ?

Les fast-food déclinent un mode d'emploi simple : faciliter la vie du client à condition qu'il consomme rapidement pour laisser la place à d'autres. Ils offrent une particularité qui nous intéresse : ils ne peuvent fonctionner que grâce à un espace ouvert, sans obstacle, qui induit, facilite et enferme chacun dans une « gestion par le regard ».

Prenons un exemple avec les 30 000 restaurants McDonald's dans plus de cent pays, hérissés d'un immense logo jaune que les enfants distinguent dès leur plus jeune âge : tout le monde connaît McDo. Depuis sa création en 1959, le succès est au rendez-vous : un service rapide (éventuellement sans même quitter sa voiture), un choix restreint entre des aliments standardisés et calibrés, pas de vaisselle, une clientèle qui fait elle-même le service et des lieux à l'hygiène irréprochable. La cuisine ouverte sur la salle garantit cette propreté. Les jeux pour enfants ont été introduits au début des années 1980 puis en 2006 des ambiances plus différenciées selon le public attendu (jeunes, familles) et une connexion WiFi.

La restauration rapide est organisée autour du flux des clients et de celui de la production[1]. La gestion par la pression de la file d'attente de clients existe dans de nombreux secteurs (distribution, banque et services). Elle se double ici de la préparation immédiate de commandes diverses. Le consommateur impulse la chaîne, l'accélère ou la ralentit, il n'y a pas de stock tampons et un chronomètre est intégré à la caisse. Le client a un triple rôle : initier la fabrication, surveiller la réalisation mais aussi mettre la main à la pâte. Il compose son menu en faisant la queue, paye,

1. Jean-Pierre DURAND, *La Chaîne invisible. Travailler aujourd'hui, flux tendu et servitude volontaire*, Paris, Seuil, 2004, p. 155-173.

complète son plateau de serviettes ou de pailles, assure le service et range avant de partir.

Pour que le système marche, il faut un espace qui permette de voir la clientèle et de se voir entre équipiers, ainsi que des prescriptions détaillées. Tout est codifié, chaque geste est décrit dans plusieurs centaines de fiches. Le fast-food s'appuie sur un système taylorisé avec une séparation nette entre les concepteurs de procédures et l'exécution, et l'impossibilité totale d'échapper à la norme.

L'aménagement fait l'objet d'un soin maniaque : au nom de l'hygiène et de l'organisation, tout se passe sous le regard de l'autre, qu'il soit cuisinier, équipier, manager ou client, pour assurer la meilleure rentabilité possible. « L'instabilité de la main-d'œuvre découle des conditions de travail elles-mêmes » souligne Jean-Pierre Durand[2]. Et ce choix de double flux et de parcellisation des tâches se trouve ainsi légitimé puisque la main-d'œuvre change rapidement.

Ce turnover concerne également le client. On ne l'encourage pas à rester trop longtemps mais le cadre reste suffisamment attractif pour ne pas l'écœurer définitivement. La rotation du public est organisée scientifiquement. Toutes les stratégies sont permises : sièges inconfortables, musique médiocre un peu trop forte, courants d'air et, si les clients s'attardent, un

2. *Ibid.*

équipier s'empare d'une serpillière et nettoie quasiment sous leurs pieds, ou encore range et change le sac-poubelle à cinquante centimètres de leur table.

Ce taylorisme appliqué à la restauration qui se caractérise notamment par la dépendance amont/aval, et celle vis-à-vis des collègues, la préparation industrielle de la nourriture, la chasse aux temps morts, le tout dans un environnement « surveillé » par la clientèle, est le secret de la réussite. « La disposition permet ainsi de contrôler les employés d'*un seul regard* et le système informatique, les résultats financiers d'un seul clic[3]. » Certains, toutefois, ont souhaité adoucir la brutalité du dispositif. Les cafés Starbucks, à leur création, cherchaient à raconter une histoire, à mettre en scène la torréfaction et la préparation du café. Mais, rentabilité oblige, des machines impersonnelles remplacent désormais ce rituel. Cependant, le décor un plus soigné se veut un espace intermédiaire entre la maison et le bureau, proposant un aménagement douillet où, là encore, le client fait le service et accepte de boire dans de la vaisselle en carton.

Tous ces types de restauration, mais aussi de nombreuses sociétés de services, font désormais appel aux compétences et à un rôle actif du client pour produire sans avoir à embaucher du personnel supplémentaire. Marie-Anne Dujarier le démontre avec de nombreux

3. *Ibid.*

exemples dans son livre *Le Travail du consommateur* dont le sous-titre est éloquent : *De McDo à eBay : comment nous coproduisons ce que nous achetons*[4]. Ces organisations ne pourraient pas fonctionner sans notre concours gracieux, et notre main-d'œuvre abondante. Le client est désormais mobilisé.

Du client virtuel au client réel

Quand le client virtuel des *call centers* devient une personne en chair et en os, la situation empire : le public, par sa présence, contribue à accélérer la cadence. Une chaîne invisible se met en place et chacun travaille plus vite. La file d'attente fait pression. La poste, par exemple, en instaurant une queue unique devant tous les guichets, met sous tension l'ensemble des agents et donne aux usagers la possibilité d'un contrôle total sur leur travail.

Dans les hypermarchés, le système devient carrément scientifique. Ouvrir trop de caisses a deux conséquences : la caissière « perd son temps » en attendant le client et ce dernier a une mauvaise impression s'il perçoit le magasin comme vide. Mais une queue interminable risque de le décourager définitivement. De savantes études recommandent quatre à six personnes en attente devant

4. Marie-Anne DUJARIER, *Le Travail du consommateur. De McDo à eBay : comment nous coproduisons ce que nous achetons*, Paris, La Découverte, 2008.

la caissière pour que celle-ci soit le plus efficace possible[5]. « L'objectif est de maintenir en permanence une file d'au moins deux clients pour conserver la pression de ceux-ci sur le rythme de travail de l'hôtesse de caisse. » Celle-ci se transforme en véritable automate avec des gestes robotisés, l'inévitable SBAM (sourire, bonjour au revoir et merci), et devient en quelque sorte l'assistante du meuble-caisse. Assise, elle est continuellement sous le regard surplombant et peu amène des clients debout et cette posture installe une relation dissymétrique. Pour preuve, le guichet de réclamations est presque toujours juché sur une estrade, le consommateur râleur se retrouvant alors en position d'infériorité. Enfin, la caissière est filmée et espionnée, mais sans savoir à quel moment, pour calculer le nombre d'articles passés à l'heure et prévenir les vols.

Dans les banques, les employés accueillent le public et traitent les demandes en temps réel, sans aucune confidentialité. L'espace ouvert interdit tout arrangement possible, toute transgression. Chacun joue son rôle : l'employé ne décolle pas des procédures, ne peut faire montre d'aucune initiative, ni déroger au règlement. Le ton monte, jusqu'à l'altercation devant des dizaines de spectateurs. Le chef arrive et règle le problème en faisant entrer le client récalcitrant dans un petit bureau vitré (on ne sait jamais, s'il était réellement

5. Jean-Pierre DURAND, *La Chaîne invisible*, *op. cit.*, p. 147.

violent, les autres pourraient intervenir). Le système est bien rodé.

Au travers de ces scènes banales que tout le monde connaît, on voit l'importance des dispositifs spatiaux : s'il n'y avait pas un « auditoire » qui suit attentivement, en attendant, tout ce qui se passe, de nombreuses situations d'agressivité et d'énervement seraient évitées, tant du côté du public, que de celui des agents. En effet, se sentir en péril sous les yeux des clients reste désagréable, mais se trouver en situation délicate devant ses pairs ou ses chefs est trois fois pire.

Un autre exemple : le personnel d'une bibliothèque universitaire se plaint des incivilités des étudiants. L'immense salle du rez-de-chaussée est aménagée comme une salle de classe avec des tables soigneusement alignées. Elle rappelle le collège ou le lycée à de jeunes étudiants, par ailleurs privés de tout lieu de rencontre sympathique sur ce campus. Partout, encore, une profusion d'affichettes interdisant ceci ou cela. Une seule banque d'accueil à une extrémité permet une surveillance lointaine. De temps à autre, un agent se lance courageusement dans une ronde entre les rangs pour faire éteindre un téléphone, empêcher quelqu'un de grignoter quelque chose ou interrompre une conversation à deux ou à quatre. Et son intervention se passe mal. Tout le monde s'énerve.

Au lieu de partir des besoins réels des étudiants, et d'aménager une petite cafétéria, un coin téléphone, un coin salon, ou quelques salles fermées pour le travail en groupe, les responsables s'arc-boutent sur une représentation idéale d'une bibliothèque, havre de quiétude, et sur cette disposition qui permet une vue globale. Ils se battent pour obtenir le silence, au prix de scènes désagréables : quoi de plus amusant que de provoquer un agent d'accueil devant une cinquantaine d'étudiants goguenards ?

Du coup, une partie du personnel tente de se faire dispenser des heures d'accueil. Avec la présence de professionnels encore plus réduite, le malaise, voire la peur grandissent : un véritable cercle vicieux s'installe. Pourtant, la situation s'améliore après un réaménagement qui coupe l'espace en plusieurs lieux variés, en autorisant les discussions dans certains endroits, et surtout en réimplantant les bureaux des agents au cœur même de la salle. Leur simple présence suffit et rend inutile les rondes fastidieuses perçues comme une provocation par certains étudiants.

Des relations toujours plus familières avec la vidéosurveillance

Les caméras, comme les logiciels mouchards, filtrent les allées et venues et s'assurent que chacun travaille sans relâche, en toute légalité ou presque : l'entreprise doit simplement informer ses salariés de ces dispositifs.

Les Big Brother Awards, créés en 1977, récompensent (!) chaque année les sociétés les plus intrusives : en 2005, Lidl a été distingué pour ses soixante-cinq caméras surveillant soixante salariés avec, comme prétexte, la lutte contre le vol[6] ; en 1999, Thomson avait installé une caméra devant les locaux syndicaux ; Smart a été condamné pour une caméra devant les toilettes.

Aucun pan d'activité n'échappe à l'œil de la caméra. On lui invente des justificatifs assez incroyables : ainsi, la société Awak'iT filme en caméra cachée des employés puis organise un debriefing pour les confronter à leurs manquements professionnels. Seul point encore rassurant : avant la réunion, les enregistrements sont soumis au salarié qui peut, dit-on, s'opposer à leur diffusion. « La démarche est pédagogique et s'effectue avec humour. On cherche avant tout à faire prendre conscience aux salariés de ce qui ne va pas », explique un responsable de Awak'iT.

Certains services ont le chic pour aménager leurs salles d'attente de telle façon que l'incident soit quasiment inévitable. Chacun alors, selon sa logique, s'en prendra au manque d'effectif, à la piètre organisation du travail, à la mauvaise éducation des usagers, etc., toutes raisons légitimes, bien sûr. Mais on ne questionne pas les dimensions psychologiques de l'espace

6. BIG BROTHER AWARDS, *Les Surveillants surveillés*, Paris, Zones, 2008.

ni son rôle ; on n'établit pas de lien entre incivilités et aménagement.

Il en est ainsi dans cet organisme social de la banlieue nord parisienne. Le hall se trouve à l'écart des bureaux, loin de toute présence humaine. À l'entrée, le vigile oriente les visiteurs vers ce local certes muni de sièges mais sinistre et sans soin. Au mur, des affichettes interdisent ceci ou cela, rappellent qu'en cas d'agression sur un agent une plainte sera déposée. Et les disputes sont fréquentes car le traitement des dossiers a accumulé un retard impressionnant, ce qui rend la position des agents d'accueil intenable. Ces derniers rechignent à assurer leurs heures de permanence et se réfugient dans leurs bureaux en étage, loin du public. Comment annoncer un délai de dix-huit mois pour le règlement d'une prestation due ? Et pour l'usager, comment prendre avec calme une telle information ? Le lieu suinte l'indifférence, voire le mépris. Si l'espace ici ne peut pas régler les dysfonctionnements organisationnels, son aménagement pourrait au moins ne pas envenimer une situation conflictuelle. Or, que réclamait une partie du personnel ? L'installation de véritables guichets avec vitres pare-balles et des caméras reliées directement au commissariat ! Des dispositifs qui n'auraient certainement pas contribué à calmer les esprits. Aux États-Uis, raconte Mike Davis, à la suite des coupes dans les budgets sociaux, le comté est obligé de « protéger » ses agents d'accueil de la « fureur populaire en installant partout des détecteurs de métaux et des écrans de contrôle, des miroirs de surveillance convexes, des sonnettes d'alarme, des chaises vissées au sol et des cabines d'entretien séparées par d'épaisses couches de parois de verre incassable[7] ».

Le recours aux dispositifs de vidéosurveillance ne pose quasiment plus de problèmes. Nous sommes habitués à circuler dans des espaces surveillés sans en mesurer les conséquences. Le Panopticon de Bentham n'enferme plus *stricto sensu,* mais se contente de surveiller les comportements, en utilisant des mécanismes explicites visibles (télé, vidéo, radars, badges) ou invisibles, (cartes magnétiques, fichiers informatiques, GPS, balises de téléphone, etc.).

7. Mike DAVIS, *Au-delà de Blade Runner, op. cit.*, p. 53.

QUATRIÈME PARTIE

La mise en scène de soi et la fin de l'intimité

Dans le même temps, les techniques modernes de prise de vue permettent de rendre permanent le viol de l'intimité : on s'aperçoit avec étonnement de la soif qu'éprouvent nos contemporains d'entrer dans la vie privée des autres, comme si le dernier espace qui restait à explorer dans un monde devenu trop petit, car trop facilement parcouru, était celui-là.

Paul CLAVAL, *Espaces domestiques. Construire, habiter, représenter.*

10

DES ESPACES HABITÉS : DERNIER LIEU DE L'INTIME ?

C'était déjà assez regrettable que le promoteur ait construit plus de trois cents pavillons absolument identiques, mais le pire, c'est que la plupart des résidents avaient, pour décorer leur petit nid, apporté strictement la même touche personnelle. Chaque porte, peu ou prou, était surmontée d'un drapeau orné d'un arbre automnal.

Stephen MCCAULEY, *Et qui va promener le chien ?*

ET QUE SE PASSE-T-IL DANS LA MAISON ? Appartement ou pavillon, comment la sphère privée résiste-t-elle à cette mise en scène de la transparence, à l'effritement des murs protecteurs, à la vidéosurveillance ? Le logement, nous l'avons vu, avec le périurbain, est un produit direct de la mobilité. Il subit lui aussi les transformations de notre environnement, se duplique au gré des bretelles de sortie des autoroutes, et reste dévolu à la vie personnelle. Mais, à l'intérieur du domicile, une fois la porte fermée, quels changements observe-t-on ?

La porte ne suffit plus. Elle marque encore la frontière entre le dedans et le dehors, mais se fragilise. La peur de l'autre, du voleur, du rôdeur est là. Comme on exerce encore un certain pouvoir (sur son) chez soi, on peut décider de quelques mesures. Ainsi, de nombreux candidats souhaitent installer capteurs et caméras pour lutter contre les cambriolages et se simplifier la vie. La domotique a de l'avenir. Cette nouvelle technologie permet tout ou presque : déclencher à distance des éclairages et des bruits de conversation pour éloigner les rôdeurs, mettre en route une chaudière ou une machine, fermer ou ouvrir les volets. Derrière tout cela, il y a l'idée de contrôler sa maison en son absence, de la faire vivre virtuellement. Et quand on a un chat, on lui met un bracelet électronique et on équipe la chatière d'un capteur qui le laisse rentrer ou sortir. Chaque « maison du futur » toujours bourrée d'électronique se présente comme une maison intelligente qui obéit à vos moindres désirs. Ces systèmes automatiques sont perçus comme des services rassurants, bons pour la planète. On vante leur rôle dans les économies d'énergie. Pourtant, cela revient quasiment à installer un vigile sur son canapé, car la plupart sont reliées à des sociétés de veille qui n'ignorent plus rien des allées et venues des occupants.

Le loft

Comment expliquer ce paradoxe entre désir de maîtrise et soumission incroyable aux nouvelles technologies de surveillance ? En quelques années, ces dispositifs ont donc envahi espace et équipements publics, et font irruption dans la maison, jusque-là perçue comme un cocon privé qui ne regardait que soi. Une piste se trouve peut-être du côté de la télévision. D'une part, nous avons pris l'habitude de vivre dans l'intimité de parfaits inconnus qui s'invitent dans notre salon pendant des mois, voire des années, et occupent la meilleure place. Leurs canapés font face au nôtre, dans un jeu troublant de miroirs. On pourrait presque se passer le bol de cacahuètes. D'autre part, banaliser la vidéosurveillance dans la sphère de l'habitat est chose faite depuis « Loft Story », en 2001, première émission française de ce genre. Ce jeu m'intéresse aussi parce qu'il a su jouer avec l'espace pour arriver à éliminer la notion même d'intimité. Le principe est connu : onze jeunes enfermés, sans contact avec l'extérieur, sous l'œil des caméras pendant soixante-dix jours.

Le choix d'un loft, plutôt qu'une maison, n'est pas innocent. Le loft est une grande surface, le plus souvent une ancienne usine ou un entrepôt désaffecté, ce qui est le cas ici, aménagé avec un minimum de cloisons. Ouvert et transparent, il accueille un même groupe d'âge et se prête à une vie collective. L'aménagement et la décoration hésitent donc entre la création d'un nid pour jeune couple, la résidence d'étudiants ou le pensionnat.

On y trouve une cuisine américaine ouverte, un vaste séjour avec des canapés pour s'allonger, une grande table, une salle de bains. Les dortoirs (un pour les filles, l'autre pour les garçons) laissent perplexes. Les parents, vigilants derrière leur écran, sont rassurés. Ils retrouvent, peut-être, leurs émotions quand, à la maternité ou à la crèche, ils regardaient leur bébé dormir, sagement aligné au milieu des autres bébés. Pourquoi chacun ne dispose-t-il pas d'une petite chambre ? Cette hypocrisie n'est pas anodine. Aux caméras s'ajoutent le regard des autres membres du groupe et l'interdiction définitive de tout secret, dans un logement qui tente d'avoir l'air normal. Mais quelques détails saugrenus – les nombreuses glaces sans tain, l'éclairage aveuglant – rappellent qu'on est bien dans un laboratoire, truffé de caméras. Il manque ce qu'il y a dans n'importe quel habitat : du papier, des livres, des magazines, des bibelots, des souvenirs de voyages, des photos, des jeux de société. Ou encore une pendule, un téléphone, une télévision, une chaîne de musique, une boîte à couture ou à outils, un objet à réparer mis de côté depuis longtemps. Cette maison-là, par définition, condamne à l'inaction. De plus, le monde extérieur n'existe pas. Nous sommes dans l'ici et le maintenant, sans médiation, sans ailleurs possible.

Regardons aussi le jardin. Pour évoquer le monde rural, il y a un potager et un poulailler avec de vraies poules qui, contrairement aux peluches, nécessitent des soins quotidiens et ne sont pas vraiment des animaux de compagnie. Pourquoi ne pas avoir opté pour un chien ou un chat ? Des hamsters dans une cage auraient peut-être été une faute de goût ! Dans ce monde entièrement fabriqué, les poules font tache. Elles représentent la réalité, la vie d'adulte : il faut s'en occuper chaque jour, alors qu'ici l'infantilisation est de mise et la nourriture arrive magiquement par un sas.

C'est donc une maison campagnarde ordinaire qui pratique l'autoproduction. Cet imaginaire est contredit par la piscine chauffée, les chaises longues, la pelouse et ses quelques fleurs. On se rapproche de la maison de vacances, genre fermette rénovée pour la détente et les loisirs. Mais alors qui nourrit les poules l'hiver ? Ainsi, le jardin est porteur de plusieurs significations : un enclos pour se nourrir, un jardinet de rêve et de loisirs pour citadins ou une cour de prison.

Le parallèle avec la prison est évident : absence d'objets quotidiens, d'ouvertures sur le monde, mais surtout interdiction de sortir. Les expressions qui reviennent dans la bouche des occupants sont significatives : « Quand je sortirai d'ici », « Quand on se retrouvera dehors. »

Où est la prison ? Est-ce cette maison, puisque tout indique qu'elle est sévèrement close, malgré quelques manifestations « pour libérer les otages ou sauver les poules (!) », ou, au contraire, est-ce le monde extérieur ? Le loft devenant, du coup, l'espace de liberté où tout reste possible, du moins dans l'imaginaire des plus jeunes, nombreux à regarder cette émission chaque jour. « Une colo sans mono » (Antoine, onze ans), « Un endroit de rêve s'il n'y avait pas les caméras » (Fanny, quatorze ans).

On pense là encore à l'analyse du Panopticon faite par Michel Foucault[1]. Les participants sont vus, mais ne voient jamais ceux qui les observent. « Loft Story » rend la surveillance naturelle comme l'air que l'on respire. Elle s'appuie sur une transparence totale qui donne l'illusion que tout est vrai. Puisqu'on l'a vu, ça s'est passé comme ça, c'est objectif. Personne ne mentionne l'impact des caméras et des micros, la sélection des extraits présentés et le montage, les ravages de cette absence d'intimité. « Loft Story » se démarque des autres lieux transparents, comme le bureau paysager : dans ces derniers, on vit seulement huit heures par jour, cinq jours sur sept, et surtout on est actif ; on travaille, on échange et on communique avec l'extérieur, pour l'instant, sans caméras.

Enfin, contrairement aux séries incarnées par de véritables acteurs, « Loft Story » c'est vous ou moi (enfin, surtout vous, parce que moi...). La possibilité de repli a disparu, l'espace change de forme. Il perd de sa

1. Michel FOUCAULT, *Surveiller et punir*, *op. cit.*

profondeur, s'aplatit pour ne pas gêner le rayon d'action de la caméra. L'espace télévisé a ses codes. Et cette représentation nous imprègne profondément. Des sociétés spécialisées vendent désormais le mobilier « vu à la télé ».

L'habitat reste encore, pour une immense majorité, un refuge très personnel à l'abri des regards : s'isoler et pouvoir être seul sont néanmoins des notions nouvelles qui datent du XVIIIe siècle où l'on passe de la sociabilité obligée à la sociabilité choisie. Le désir d'intimité naît à cette époque, d'abord dans l'aristocratie avec l'invention du couloir et de pièces indépendantes et privatives, puis le mode de vie bourgeois l'adopte au XIXe siècle. Les appartements se décomposent, dès lors, en trois parties totalement séparées : réception, appartements privés et services. Le XXe siècle instaurera progressivement l'espace multifonctionnel, par souci d'économiser les mètres carrés, mais aussi pour donner une plus grande liberté en mélangeant allégrement les activités au sein d'une même pièce. Pour autant, la notion d'espace domestique, d'espace privé ne coule pas de source et « investir » son logement n'est pas évident, comme en témoignent certains SDF qui, après des années passées dans la rue sous le regard (même indifférent) des autres, n'arrivent plus à habiter un intérieur. Au grand désespoir des services sociaux, ils continuent à se comporter dedans comme s'ils étaient dehors et se heurtent à l'impossibilité de vivre sans aucun regard sur soi.

Depuis, les partitions proposées au sein de l'appartement évoluent relativement peu, la séparation jour/nuit demeure, la chambre du couple (aujourd'hui on dit la suite parentale) se détache de l'espace pour enfants, le séjour abrite également la cuisine. Pourtant, les modes de vie changent et de nombreuses familles recomposées, des couples avec de jeunes adultes ou des parents vieillissants se débrouillent tant bien que mal dans des agencements figés sur le modèle du couple avec deux jeunes enfants.

L'« habité »

L'« habité », ce rapport personnel que chacun entretient avec son habitat, a toujours fasciné. « La maison est notre coin du monde » dit Gaston Bachelard[2]. « C'est aussi un état d'âme. » « Habiter est le trait fondamental de l'être » ajoute Martin Heidegger[3]. Les philosophes soulignent tous le rôle de la maison dans la constitution de la personnalité, l'importance de la maison matrice,

2. Gaston BACHELARD, *La Poétique de l'espace*, Paris, PUF, 2009.

3. Martin HEIDEGGER, « Bâtir, habiter, penser », in *Essais et conférences*, Paris, Gallimard, 1958 ; Thierry PAQUOT, *Demeure terrestre. Enquête vagabonde sur l'habiter*, Paris, Éditions de l'imprimeur, 2005 ; Thierry PAQUOT, Chris YOUNÈS (sous la direction), *Le Territoire et les philosophes. Lieu et espace dans la pensée au XXᵉ siècle*, Paris, La Découverte, 2009.

la maison cocon, la maison retour aux origines. La maison est une petite contraction d'espace-temps.

Ils mettent aussi l'accent sur la dynamique qui s'y déroule : nous sommes tous les enfants d'une maison dont nous nous arrachons pour devenir adulte. C'est le lieu de l'apprentissage, de la construction de soi, des règles de socialisation, des premières émotions, de la sécurité, du bonheur et aussi de la peur, du dedans par opposition au dehors. De plus, nous avons été bercés de contes où il est question, justement, de maisons en sucre, en paille, en bois ou en brique, ou encore de châteaux. Et si nous avons renoncé assez vite à habiter l'une de ces bâtisses, il nous en reste des traces indélébiles : une maison c'est, presque toujours, un espace au milieu de la verdure avec un escalier, une cave, des chambres à l'étage et un grenier. Certains en proposent une lecture symbolique : la cave obscure représenterait le passé archaïque, l'escalier serait l'épreuve de la verticalité, le grenier, le désir d'ascension, etc.

L'habitat est l'expression à un moment donné d'une histoire et d'une personnalité. Si on demande à quelqu'un de parler de sa maison, il en déroule presque automatiquement toute son histoire et partage ainsi une expérience universelle : le logement est toujours un prolongement du moi dans le monde social mais aussi dans la réalité psychique avec ses forces inconscientes.

On n'habite pas seulement un lieu, on y vit, on y rêve : « La maison abrite la rêverie, la maison protège le rêveur, la maison nous permet de rêver en paix» dit Bachelard[4]. La maison toujours peuplée de fantasmes est censée répondre aux désirs. Maison où l'on rêve et maison de nos rêves...

Deuxième peau protectrice chargée de multiples significations symboliques, la maison indique notre place dans le monde et abrite aussi bien le corps que l'esprit, le présent que le passé, le rêve et la réalité. C'est par excellence l'espace de transfert entre moi et les autres. «Viens chez moi» est à entendre au sens propre et au sens figuré. Pour reprendre l'expression de Michel de Certeau, l'habitat est autant un «art de dire» qu'un «art de faire[5]». Et il est bavard: «Indiscret, l'habitat avoue sans fard le niveau de revenu et les ambitions sociales de ses occupants. Tout en lui parle toujours et trop: sa situation dans la ville, l'architecture de l'immeuble, la disposition des pièces, l'équipement de confort, l'état d'entretien[6].»

L'habité, c'est aussi une œuvre de soi, que résume très bien Henri Gaudin, architecte: «Comment serait-elle un objet fonctionnel, la maison, alors même que nous nous reconnaissons en elle? Comment s'identifier à un objet? Elle n'est pas une chose. C'est un sujet presque.

4. Gaston BACHELARD, *La Poétique de l'espace*, *op. cit.*

5. Michel DE CERTEAU, Luce GIARD, Pierre MAYOL, *L'Invention du quotidien. Habiter, cuisiner*, Paris, Gallimard, coll. Folio essais, 1994, p. 206.

6. *Ibid.*

Bref, une œuvre. Il y a quelque chose d'étonnamment mystérieux dans la maison qui, tout en étant durable, permanente, solide, ne peut qu'être le miroir de nos "entortillures" (un mot de Montaigne)[7]. »

Un investissement affectif mais aussi financier : le logement reste le premier poste de dépenses des ménages (depuis 1991) selon l'INSEE, les Français consacreraient le quart de leur budget au logement (loyers, charges, équipement et entretien). Environ 57 % des Français sont propriétaires : les autres en rêvent. Ce désir serait une particularité nationale. Pour Michel Bonetti, le locataire habite symboliquement chez quelqu'un, il est logé « dans le corps d'un autre », et privé « de cette possibilité d'extension de soi dans l'espace, privation qui s'accompagne généralement de l'interdiction de l'altérer, d'y imprimer sa marque ». « Être propriétaire de son logement c'est avant tout avoir le sentiment de se posséder soi-même, se doter d'une capacité d'extension de soi et de son corps, ce qui en retour permet de protéger le noyau intime de sa personnalité, son véritable corps[8]. »

7. Henri GAUDIN, *Considérations sur l'espace*, Paris, Le Rocher, 2003.

8. Michel BONETTI, *Habiter. Le bricolage imaginaire de l'espace*, Paris, Desclée de Brouwer, 1994, p. 37, 70.

Appartement ou maison ?

Le logement collectif, longtemps composé de « cellules » – aujourd'hui on dit « appartements » –, est mal aimé. On l'oppose, avec beaucoup de mauvaise foi, à la grâce du pavillon. On lui reproche ses surfaces contraintes, sa disposition intérieure rigide, son absence d'espaces de transition appropriables, sa minéralité et son architecture. On oublie ses qualités : les relations de voisinage, l'entraide, sa localisation généralement proche d'équipements et de services.

Le modèle universel de l'habitat, surtout en France, reste la maison individuelle. Et on enfile les stéréotypes : dans l'imaginaire social, c'est une construction non mitoyenne entourée d'un jardin, avec une toiture, dans un style régionaliste. Finalement, quels sont les ingrédients du pavillon ? Un jardin clôturé, une entrée spécifique et le garage à proximité. Beaucoup d'ensembles collectifs de différentes époques ont su agencer ces éléments de l'habitat individuel tout en offrant une véritable vie collective, comme les cités-jardins, les immeubles de Renaudie, les maisons de ville, etc. Simplement le jardin est remplacé par une vaste terrasse.

Cinq grands architectes conçoivent en 2005, à Mulhouse, la cité Manifeste, un ensemble d'habitat social dense reposant sur les valeurs du pavillon et supprimant donc les espaces collectifs tels que hall, couloir ou cour. Avec l'idée de faire œuvre d'architecture. Pourtant, le résultat se révèle décevant pour ne pas dire consternant.

Dans plusieurs programmes, le garage occupe le rez-de-chaussée, reléguant par conséquent le séjour au premier étage : pour se rendre au jardin, on emprunte un escalier privatif extérieur. Mais pourquoi donner à la voiture la meilleure place, en rez-de-jardin ? Est-elle à ce point-là un prolongement de nous pour occuper sans vergogne l'endroit le plus agréable ? On ne peut pas toujours laisser la voiture dehors et récupérer alors une pièce en plus aux multiples fonctions possibles (bricolage, jeux, buanderie, rangements, etc.).

Les allées et venues sont suivies par tous. Les passages qui reprennent la typologie de ce quartier ouvrier passent à moins de deux mètres des baies vitrées des chambres et des séjours, interdisant toute intimité. Les rues n'ont pas fait l'objet d'un aménagement, cependant les enfants y jouent. Finalement, la cité Manifeste de Mulhouse est une caricature d'architecture collective calquée sur une caricature de maison individuelle : l'escamotage des espaces publics rend l'opération antipathique – chacun chez soi, mais sous les yeux de tous. On se méfie du collectif, on se replie sur son logement. Mais ce repli même est menacé par le vis-à-vis. Tout devient affaire de regards.

Espace normé, espace sexué

L'habitat, quelle que soit sa typologie, se partage ; depuis toujours, famille et maison sont pratiquement synonymes, la seconde ayant à charge de consolider la première. Au-delà de sa dimension nourricière et chaleureuse, la maison reste le lieu du collectif et le témoin de conflits, de haines tenaces et de ruptures. Et, comme autour du divan du psychanalyste, beaucoup de personnes, mortes ou vivantes, gravitent autour d'elle.

Ainsi, la maison s'assimile à la famille, mais surtout elle est sexuée. Dans les couples, l'homme se place « en défenseur de l'usage symbolique, tandis que la femme défend l'usage pratique. Les nouveaux logements renouvellent ainsi l'opposition symbolique conventionnelle entre la femme tournée vers l'intérieur et l'homme vers l'extérieur. [...] Entre l'homme défenseur du statut social du couple et la femme responsable des pratiques familiales à inscrire dans le nouvel espace » écrit Jean-Michel Léger[9]. Une femme n'hésitera pas à faire part de sa perplexité, de son ambivalence devant de beaux espaces malcommodes, par exemple. L'homme se veut plus avant-gardiste et se soucie rarement de savoir comment organiser le rangement du linge.

---

9. Jean-Michel LÉGER, *Derniers domiciles connus. Enquête sur les nouveaux logements 1970-1990*, Paris, Créaphis, 1990, p. 78.

Antre, matrice, refuge, abri, coquille, niche, cocon, chez-soi, lieu du réconfort et de la sécurité, objet d'amour et de haine, etc. ; associer la maison au féminin était, il faut le reconnaître, une idée de génie pour faire prendre en charge naturellement la maison et ses occupants par les femmes. L'espace domestique organisé sur ce schéma maintient ce partage purement culturel de rôles.

La meilleure illustration se trouve dans l'évolution de la cuisine. Lire les rapports de sexe dans les plans de cuisine vous plonge dans la perplexité[10] ? Pourtant, l'espace de la maison n'est jamais anodin, et celui de la cuisine est particulièrement bavard. Elle reçoit ses lettres de noblesse à la fin du XXe siècle. Désormais, elle se visite, chose inconcevable auparavant. Et, comme la salle de bains, elle se prête à une lecture de la société, de ses usages, de ses règles et de ses interdits.

Historiquement, en ville, la cuisine, vaste et munie d'une grande table, se place au bout du couloir pour éviter les odeurs de cuisson et les indiscrétions des domestiques. Le modèle bourgeois avait gagné. Peu à peu, les domestiques disparaissent. La cuisine rétrécit et se rapproche du séjour, elle se débarrasse d'abord de sa table, et surtout des chaises qui allaient autour.

---

10. Catherine CLARISSE, *Cuisine, recettes d'architecture*, Paris, Les Éditions de l'imprimeur, 2004. Voir aussi le film génial *Kitchen Stories* de Bent HAMER (2003).

On ne peut plus s'asseoir et faire une pause, on reste désormais debout pour travailler. Le modèle taylorien et les recherches ergonomiques rationalisent ensuite chaque geste et chaque pas, et fixent une hauteur définitive au plan de travail (85 cm). La cuisine laboratoire remporte un immense succès avec son long couloir juste assez large pour aligner évier, réfrigérateur, électroménager et quelques placards sur un seul côté. Impossible pour deux personnes de s'y tenir et donc de cuisiner ou de ranger sans se gêner.

Ensuite, dans les années 1960, Charlotte Perriand réinvente le passe-plat pour de petits logements de vacances en montagne. Très vite, l'image de la ménagère souriante et détendue dans sa kitchenette munie d'un passe-plat ouvrant sur le séjour quitte les stations touristiques pour s'installer dans les villes. Ces années-là, Moulinex libère la femme. Au passage la cuisine kitchenette perd sa fenêtre. Elle devient ensuite un simple meuble de 120 ou 180 cm sur 60 cm regroupant dans un savant agencement toutes les fonctions. Après toutes ces années d'amaigrissement, elle s'intègre définitivement dans le séjour.

Conclusion : la petitesse des cuisines interdit de fait le partage des tâches. La cuisine ouverte sur le séjour, même si elle est extrêmement pratique, induit de nouvelles normes : non seulement, elle se doit d'être propre et rangée en permanence, mais elle déculpabilise ceux qui ne cuisinent pas car ils ont, malgré tout, le sentiment de participer et d'être là !

Que font nos voisins scandinaves à propos de la cuisine ? Pas grand-chose de spécial sauf qu'il s'agit d'une vraie pièce de 12 à 15 m^2 avec une fenêtre et une table : toute la famille s'y tient et le partage des tâches ménagères en est drôlement facilité.

Depuis quelques années, mais uniquement dans les logements plutôt haut de gamme, la cuisine souffre d'obésité sévère et occupe une place de plus en plus grande, se délimite par un bar et retrouve une table à proximité immédiate. Partout, on trouve des cuisines impeccables, sans objets qui traînent, au carrelage rutilant, évoquant le laboratoire ou l'hôpital. Ces temps-ci, les revêtements se parent d'Inox, les placards se remplacent par d'immenses tiroirs qui rappellent le mobilier de bureau avec ses dossiers suspendus, le plan de travail pourrait servir de lit d'appoint pour deux personnes. La cuisinière laisse place au piano de professionnel. On se croirait dans la cuisine d'une cantine, capable de servir cent vingt repas simultanément, alors que la taille moyenne des familles diminue et que l'art de cuisiner se résume souvent à réchauffer des plats surgelés. Cela changera-t-il la répartition du travail ? Enfin, cette histoire pointe le rôle de l'espace, de ses aménagements et agencements, sur notre vie quotidienne et notre philosophie de la vie. Peut-être qu'un jour un étudiant fera sa thèse sur l'égalité entre hommes et femmes à partir de leur appropriation de l'espace de la maison.

Une question se pose : qui dessine la cuisine ? Dans la maison individuelle réalisée à 95 % par des constructeurs, il n'y a pas d'intervention d'architecte, c'est-à-dire pas de dialogue à partir des modes de vie, des désirs et des attentes. Dans les 5 % des cas restants, des architectes conçoivent les cuisines. Quelques-unes, les plus spectaculaires, figurent ensuite dans les revues de décoration. Pour le logement collectif, les architectes signent une cuisine minimaliste déterminée par le prix, et les normes en matière de surface. L'aspect domestique de la cellule familiale ne passionne pas grand monde. Auparavant, on attribuait cet état de fait au concepteur, toujours masculin, qui ne savait pas toujours où était cette pièce ni à quoi elle servait exactement. Aujourd'hui, la profession d'architecte se féminise, sans que des changements majeurs apparaissent : le logement ne précède pas les mentalités et les modes de vie, il les suit péniblement et avec retard. Le logement classique comporte toujours un grand séjour et des chambres plus petites. À chacun ensuite de s'en arranger.

La répartition des autres pièces obéit aussi à quelques stéréotypes : aux hommes, le garage et le cellier, aux femmes, la cuisine et l'organisation du circuit du linge. Lave-linge et sèche-linge seront éventuellement tolérés dans la sphère masculine, parce que ce sont des machines. En l'absence de garage ou de cellier, la caisse à outils se range au fond d'un placard malcommode de la cuisine ou de l'entrée.

Être ensemble mais séparé, ou l'inverse

Au sein du logement donc, on vit aussi sous les yeux de l'autre. Mais c'est un regard amoureux, affectueux, qui pèse parfois beaucoup plus lourd que celui, impersonnel, de la caméra. L'intimité personnelle se confond trop souvent avec l'intimité familiale. Virginia Woolf l'avait bien senti en écrivant *Une chambre à soi*[11]. Elle y voyait la condition indispensable pour que les femmes aillent au-delà du rôle qui leur était imposé. Aujourd'hui, on assiste à un fort investissement sur la famille et à une demande croissante d'autonomie de chacun. On se partage un abri et chacun y tient une place à la fois réelle et symbolique.

Comment gérer ce partage au quotidien ? Comment se répartir un lieu donné entre membres d'un couple, entre parents et enfants, entre enfants ? Que de scènes de ménage seraient évitées si on portait un regard neutre et distancié sur son habitat, si on en faisait une lecture rationnelle et on ménageait ensuite à chacun un minimum d'espace privatif !

D'ailleurs, si chacun dessinait les contours de son espace personnel et le comparait avec les dessins des autres membres de la famille, il y aurait certainement quelques surprises. Des thérapies familiales s'appuient

---

11. Virgina WOOLF, *Une chambre à soi*, Paris, UGE, 2001 ; Richard SENETT, *Les Tyrannies de l'intimité*, Paris, Seuil, 1979, p. 88.

sur l'organisation domestique, et demandent à chacun de décrire ou de dessiner sa place dans le logement. La confusion, le flou entre ce qui est à moi, à nous deux, à nous tous reflète, hélas, souvent des désordres psychologiques graves. Lorsque la cellule familiale va mal, généralement l'usage de l'espace pose problème. Ainsi ce couple qui a déscolarisé ces deux enfants et vit en symbiose avec eux, dans une seule pièce, alors que leur logement comprend quatre pièces.

Les familles recomposées se heurtent à ce délicat partage de l'espace. L'un vient habiter chez l'autre et peine souvent à trouver une place pour ses affaires au quotidien et ses propres enfants quand il en a la garde. Une incitation implicite de l'espace pour qu'il se comporte en invité et ne participe pas aux tâches matérielles ! Le couple a-t-il l'opportunité de prendre ensemble un nouveau logement ? La cohabitation est à peine plus simple. Faut-il traiter différemment les enfants à temps plein et ceux à temps partiel ? Comment répartir les chambres, faut-il gommer les morceaux de vie antérieure inscrits dans les meubles et les bibelots et repartir à zéro ? Comment trouver un équilibre ?

En famille, on tente de maintenir des chambres séparées pour les enfants, quand on le peut. Partager sa chambre avec un frère ou une sœur est l'occasion d'un apprentissage, d'une expérience de l'autre – et une grande frustration par rapport à un enfant unique –, mais partager sa chambre avec des demi-frères ou sœurs qui viennent en alternance, qu'est-ce que ça donne ? L'organisation de la chambre des petits doit-elle se faire de façon organisée, voire rigide avec une ligne jaune tracée au milieu, et chacun sa tanière ? Les parents doivent-ils tout sacrifier pour donner un lieu privatif à chaque rejeton ? L'idée de donner une chambre spécifique à un enfant date seulement du XIXe siècle.

Actuellement, c'est un marché en pleine explosion avec des ensembliers architectes pour parents aisés mal à l'aise avec l'aménagement. Ils savent exploiter leur désir d'offrir ce qu'il y a de mieux à leur progéniture et leur besoin de régression vers leur propre enfance. Du coup, la chambre se métamorphose en univers magique où tout est parfaitement coordonné. On assiste à une floraison de lits à baldaquin, de couchages perchés se dissimulant dans une cabane – particulièrement pratiques pour changer les draps ou soigner un enfant malade –, de lits-bateaux avec des voiles faseyantes, de maisons de poupée à la taille d'une enfant, de toboggans, etc.

Et puis notre perception du confort évolue. Chaque jour le modèle de l'hôtel haut de gamme avec sa salle de bains privative gagne du terrain. Mais la production courante du logement demeure très loin de cet idéal. Les adultes rêvent d'une suite parentale à l'écart des enfants. L'idée de partager sa salle de bains devient insupportable. Cette dernière demeure l'ultime lieu de l'intime. On la montre aux visiteurs à condition qu'ils ne l'utilisent pas. Et là, surprise. Les salles de bains contemporaines sont toujours d'une propreté immaculée. Rien ne traîne. Comme à l'hôtel, les serviettes épaisses s'exposent en pile bien bordée. Pas de trace de gouttes d'eau, aucune trace de soi. Quand les mentalités commencent à intégrer qu'une consommation moyenne de près de cent cinquante litres d'eau potable par personne et par jour pose un problème de société, les fabricants et les revues de décoration s'obstinent à nous donner envie de baignoire immense avec jacuzzi, de douches gigantesques munies de tous les jets de massage nécessaires pour qu'on reste des heures dessous, sans parler des saunas ou hammams réservés pour l'instant aux plus aisés. On assiste à une privatisation discrète de nombreuses activités autrefois collectives. Le home cinéma dont les ventes explosent en est une autre illustration.

Bricolage et appropriation

Notre environnement pose de petits tracas quotidiens, mais sa plasticité permet quelques arrangements : la faculté de pouvoir bouger en passant d'une pièce à l'autre, ou de le changer par une nouvelle disposition, une nouvelle organisation et une autre décoration, ou encore de le quitter, en déménageant carrément.

La plupart du temps, la maison demeure un « espace potentiel », à réaménager, modifier, distribuer différemment, à enrichir pour permettre à l'occupant de s'inscrire dans ce lieu et d'y adapter son mode de vie. La maison reste un lieu d'expression personnelle. Elle porte en elle un projet, un garage à transformer en studio, une véranda à construire, une piscine ou un barbecue à installer, des combles à aménager, contrairement à l'appartement qu'on ressent comme plus contraint : on se contente de le décorer ou d'aménager quelques rangements supplémentaires. On a toujours la possibilité d'agir – un peu ou beaucoup, selon ses moyens et ses talents en bricolage – sur son intérieur. On a encore une prise sur cet espace quand tous les autres nous échappent totalement. C'est ce qui en fait sa force symbolique. « L'espace construit est une véritable auberge espagnole, laissant à chacun le choix de son mode de lecture et d'utilisation, de son registre privilégié de perception[12]. » Chaque habitant s'exprime par un bricolage réel ou imaginaire de l'espace. Le jardin de la maison tient une place à part, on est dehors tout en étant chez soi. Les investissements dans le mobilier extérieur et les équipements de jardin sont impressionnants. Cabanes chics et vraies cuisines sur roulettes qu'on installe près de la minuscule piscine, canapés, hamacs et lits à baldaquin : le dedans quitte la maison pour s'installer dehors. C'est une autre forme de dispa-

12. Michel BONETTI, *Habiter. Le bricolage imaginaire de l'espace*, *op. cit.*

rition du mur et d'une certaine représentation de la vie privée. Depuis toujours, l'habitat oscille entre refuge et mise en scène plus ou moins contrôlée de soi.

Il en existe un signe : les enseignes de bricolage ont augmenté leurs rayons de décoration et relégué au sous-sol ou au fond du magasin les matériaux à la découpe ou les outils. Analyser le pouvoir de formatage des revues et émissions de décoration mériterait un livre entier. Ces supports véhiculent des normes et des diktats pour nous aider explicitement à exprimer notre « vraie personnalité » et implicitement à renouveler en permanence nos aménités. L'émission de M6 est un modèle du genre : on n'y parle jamais des usages et des besoins, des goûts et des couleurs, de la lumière et de l'environnement, du contexte et des contraintes, encore moins de démarche durable et économe à l'égard de la planète. Dans les dernières émissions que j'ai vues, il n'y avait, hélas, aucune visée pédagogique, mais un déferlement de gadgets consommant des dizaines de peintures en bombe et autres produits chers, voire dangereux, pour créer des ambiances festives s'inspirant à la fois du village de vacances sous les tropiques et de la boîte de nuit.

S'exposer ou se cacher ?

Finalement quel rôle joue l'habitat ? On y bouge tout en étant chez soi. « L'appartement, comme la pièce est un lieu privilégié de la spontanéité : efforts subliminaires ignorés, déplacements aléatoires, décisions inconscientes ou mieux, absence de décisions, coordination motrice, empire cognitif, enfin et surtout, maîtrise, lieu de la domination et de la privatisation, la coquille de l'appartement est la vraie frontière du privé et du public » explique Abraham Moles[13]

Ensuite, il absorbe nos petites manies et nous « contient » d'une certaine manière. Les obsessionnels du rangement et (ou) du ménage, les désordonnés ou désorganisés peuvent (se) rendre la vie impossible (aux autres). Ils expriment lubies et caprices mais c'est heureusement l'espace qui « prend ».

On y contrôle son ouverture sur le monde. Il possède encore des murs. Au sens propre comme au sens figuré : 22 % des Français, si l'on en croit une enquête, ne ferment plus les rideaux ou les volets[14]. Les autres préfèrent se retrancher derrière des murs et des voilages, à l'abri des regards extérieurs, et choisir ce qu'ils révèlent. Aux

13. Abraham MOLES, Élisabeth ROHMER, *Psychosociologie de l'espace, op. cit.*, p. 91.

14. Domoscope, avril 2005 ; voir aussi Gérard WAJCMAN, *Fenêtre. Chronique du regard et de la fenêtre*, Paris, Verdier, 2004.

Pays-Bas, on ne met pas de rideaux aux fenêtres, même quand on habite un rez-de-chaussée en ville. Cette transparence oblige chacun à tenir sa maison propre et induit indéniablement un fort contrôle social. On observe le même phénomène avec les lotissements américains sans clôture privative qui constituent un décor pratique pour de nombreuses séries télévisées. Les pièces sont susceptibles d'être vues, les occupants des pièces aussi, ce qui n'est pas anodin sur leurs comportements.

Alors qu'est-ce qu'on montre et qu'est-ce qu'on cache ? L'habitat absorbe notre ambivalence, nos oscillations entre le désir de s'exposer et celui de disparaître dans une niche confortable. Il permet de « s'afficher » (dynamique, créatif, ordonné) mais aussi de se dissimuler. La maison dit ce que nous sommes et surtout ce que nous faisons de nous-mêmes. Le loft, par exemple, avec son espace fluide et transparent, où rien n'arrête le regard, devient un théâtre. Chaque geste de la vie quotidienne se réalise sous les regards et les oreilles des personnes présentes. Certains vont encore plus loin : deux architectes ont conçu pour eux-mêmes une maison de verre à Paris, flottant littéralement au-dessus de la rue et de leur atelier, comme une boîte à moitié transparente[15]. Le plancher du séjour, en verre, donne l'impression de marcher dans le vide.

15. *Le Journal du dimanche*, 9 octobre 2005.

Le philosophe François Dagognet souligne : « Sous le prétexte de préserver le "privé" ou l'intimité, on a surtout chassé l'innommable – l'ordinaire, le sale ou le bruit. On ne retiendra que le décoratif, le distingué ou le raffiné, en évitant la surcharge, qui signe le mauvais goût. On évolue toujours dans un univers aseptisé[16]. »

On camoufle tripailles, baguettes, goulottes et câbles ; l'encastré est roi. Les tuyauteries sont enfouies dans les murs, la cuisine présente une façade unie, l'électroménager se dissimule derrière des portes moulurées ou des panneaux d'aluminium dépoli, selon les goûts et les moyens financiers. Les dressings ne sont plus des cagibis remplis de trésors oubliés, ils exposent les vêtements triés par couleur ou matière. Les tiroirs – qui ne sont plus vraiment des tiroirs – se remplissent de gadgets pour donner à chaque objet improbable sa place définitive spécialement adaptée. Les greniers et les caves n'échappent pas à cette frénésie du classement. Si les placards ont perdu leurs portes, ils ne donnent à voir aucun bazar pour autant mais des boîtes étiquetées et soigneusement alignées, comme des œuvres d'art. Une véritable obsession soutenue par les grands magasins : le BHV y consacre quasiment un étage appelé « Box & Co ». Un acharnement à nous faire ranger nos affaires

---

16. François DAGOGNET, *Les Dieux sont dans la cuisine. Philosophie des objets et objets de la philosophie*, Paris, Les Empêcheurs de penser en rond, 1996.

ou une manière de nous rappeler à l'ordre. Beaucoup d'intérieurs ressemblent désormais à des showrooms.

Pourtant, les notions de propre, de sale, d'intime, de montrable, d'immontrable ou d'hygiène restent tout à fait subjectives. Elles nous viennent de l'enfance et sont également influencées par l'époque. Cependant, la plupart du temps, nous reprenons ces normes intériorisées sans les interroger. Nous sommes assommés, depuis quarante ans, de publicité pour des lessives et des détergents, cela laisse forcément des traces (sans jeu de mots).

Néanmoins, la vogue actuelle du rangement s'appuie aussi sur l'espace : la cuisine ouverte sur le séjour, la disparition des portes de placard, la suppression de l'entrée dans les logements, les immenses baies vitrées ; tous ces aménagements donnent de nouvelles fluidités, agrandissent les volumes mais induisent des règles strictes en matière d'hygiène et de propreté, et façonnent les comportements. Le désordre intime peut se donner à voir, à condition d'être conditionné soigneusement dans des boîtes et des bacs de rangement. Ne pas oublier les étiquettes.

11
VERS DES ESPACES SANS CONTACT

> Nous sommes à l'époque du simultané, nous sommes à l'époque de la juxtaposition, à l'époque du proche et du lointain, du côte à côte, du dispersé.
>
> Michel FOUCAULT.

DANS LE MÊME ORDRE D'IDÉE, les empreintes (visibles) d'une vie ne se montrent plus. Ainsi, devant la difficulté de certains à vendre leur appartement ou leur maison remplie de souvenirs, un nouveau service de « relookage », importé des États-Unis évidemment, a fait son apparition en France, en 2009. Il s'agit d'enlever toutes les marques d'intimité pour donner à voir, sans filtre, le volume et la surface. On traque les photos, souvenirs et bibelots. Bien sûr, il n'est pas question de jeter les affaires personnelles des occupants, juste de les ranger rationnellement, de les dissimuler dans des cartons ou sous les meubles. Un véritable nettoyage de printemps avant de vendre (coût 15,50 € le m^2). Un reportage paru dans *Libération* est significatif, avec ses photos avant/après[1]. L'objectif est de se rapprocher d'une page de catalogue d'Ikea ou de *Maison et décoration*. Exactement comme au bureau, on banalise, on conditionne. On ne laisse rien de personnel, on fabrique un décor soigné où l'œil se balade, sans entrave, et sans s'accrocher à un détail.

On peut aller nettement plus loin pour s'affranchir de l'espace. Inutile d'occuper un lieu et d'y laisser quelques indices en désordre : la boîte à chaussures rangée sur le haut de l'armoire, avec quelques photos, des lettres, des factures, le menu d'un restaurant, une mèche de cheveux, deux ou trois dents de lait toutes jaunies, un ruban, a vécu. Aujourd'hui, on raconte sa propre histoire sans passer par les affres de l'écriture d'une autobiographie. Il suffit d'organiser et de rationaliser la collecte de ses « traces de vie » : Gordon Bell, un Américain de 73 ans, numérise depuis des années toutes les archives le concernant : diplômes, photos, courriers, livres lus ou écrits, dossiers médicaux[2]. Il enregistre chaque instant de sa vie quotidienne, garde copie de toutes ses conversations, de tout ce qu'il fait, y compris les pages qu'il visite sur le Web. Gordon Bell est-il un obsessionnel narcissique ou juste un précurseur ? Microsoft s'est intéressé

1. *Libération*, 12 juin 2009.
2. *Le Monde*, 20-21 juillet 2008.

à *MyLifeBits* et le soutient. Des ingénieurs travaillent sur cette banque de données à grande échelle et se heurtent aux progrès de la technologie. Périodiquement les disquettes et CD utilisés se révèlent illisibles sur les nouveaux supports.

Dans la foulée, pourquoi ne pas s'organiser au-delà de la mort ? Des sociétés créent des cimetières virtuels[3]. Mission Eternity, un collectif artistique, récolte les empreintes numériques laissées par quelqu'un afin qu'on puisse les consulter après sa mort.

On laisse de multiples signes de soi sur les blogs, les forums, les sites de commerces en ligne ou les mails, et on oublie qu'ils nous survivent éternellement dans le cyberespace. Ces traces, sous forme de capsules qui contiennent des fragments numériques de notre vie (son de la voix, photos, films, textes), seraient hébergées dans les ordinateurs d'anges gardiens volontaires grâce à un logiciel Angel App. Les (vraies) cendres du défunt prendraient place dans un sarcophage futuriste. On aurait, ainsi, un portrait interactif du défunt encapsulé. Il aura pris le soin, avant de mourir, de choisir entre plusieurs services payants : envoyer un e-mail et un bouquet de fleurs de sa part le jour de l'anniversaire d'une personne chère, ou diffuser régulièrement des messages à ses amis. Une sorte d'éternité presque interactive...

---

3. < etoy.com >

Vivre sa vie dans le cyberespace ?

Tout le monde connaît Second Life. Chacun se fabrique un ou plusieurs avatar(s), équivalent du pseudo utilisé dans les tchats, mais en trois dimensions. Il peut choisir ainsi son sexe, son âge, son look, opter pour un pas martial ou une démarche voluptueuse et mener finalement une vie tout à fait banale. En étant propriétaire d'un terrain et d'un pavillon ordinaire. En acquittant chaque mois ses charges et en rencontrant des petits soucis quotidiens et des litiges avec les voisins. Bien sûr, on les règle plus facilement que dans la réalité, en modifiant d'un clic l'orientation de sa maison, ou sa hauteur pour ne pas gêner la vue du voisin sur la mer. Si on trouve des reconstitutions hallucinantes de vraies villes, pour la production ordinaire, la pauvreté architecturale est de mise : pas de références à l'univers exubérant de la science-fiction et des jeux vidéo, mais des maisonnettes classiques aux toits en pente – alors qu'il ne pleut pas sur Second Life.

Heureusement, quelques architectes tentent d'y faire une seconde carrière et conçoivent çà et là de belles œuvres. Car certains travaillent – pour de vrai – sur SL. Ils facturent des services originaux ou font de la spéculation immobilière. Pour aménager son intérieur ou son jardin, on s'inspire de *Primperfect*, revue mensuelle de décoration et de reportages sur les maisons des habitants de SL téléchargeable gratuitement[4].

On sort faire ses courses, toutes les grandes marques possèdent une échoppe identique à celle du monde réel. Les enseignes huppées touchent ainsi un nouveau public et se montrent sous un jour plus accueillant, sans vigile à l'entrée. On visite des expositions, ou on achète des services de plus en plus sophistiqués ou encore on fait des rencontres... On peut ainsi se procurer la compagnie d'une geisha, fréquenter un club échangiste ou se livrer à la prostitution. Aux dires des habitués de SL, le sexe occupe près de 80 % du temps. Ces services sont exécutés par une vraie personne cachée derrière son avatar, pour de vrais dollars. On peut y organiser une fête ou un mariage, s'y faire coiffer, arpenter des rues, ou se reposer sur une chaise longue sous un palmier. Une femme américaine a obtenu le divorce parce que l'avatar de son mari flirtait avec une autre.

Les entreprises se sont immédiatement intéressées à ce nouveau monde. Certaines organisent leurs entretiens d'embauche par avatar interposé, partant du principe qu'elles rencontrent ainsi des jeunes compétents en informatique, plutôt créatifs et curieux. D'autres y organisent leurs réunions ordinaires, car c'est moins coûteux qu'une visioconférence et théoriquement plus ludique. IBM utilise déjà ce média avec 3 000 de ses

4. < primperfect.net >

employés pour « confronter leurs idées sur de nouveaux projets » explique Sandra Kearney, responsable des marchés émergents chez IBM[5]. À quand la création de *call centers* ? À quand des délocalisations virtuelles ? Sera-t-on jour « obligé » d'y aller ? Probablement.

Mario Gerosa, coauteur d'un ouvrage dédié aux mondes virtuels, y voit une nouvelle géographie, et une nouvelle histoire de la mythologie grecque et des dieux de l'Olympe[6]. Il vient de lancer une convention pour la protection des architectures virtuelles. Il est à l'origine de la création d'une agence de voyages, Mondi virtuali, pour aider les gens qui n'ont plus assez de temps à découvrir ces mondes virtuels, avec guide expert qui vous emmène faire de petites virées dans des zones chaudes ou dangereuses. Verrons-nous bientôt des cohortes de touristes derrière un avatar tenant haut son petit drapeau arpenter Second Life ? Au départ, totalement utopique et virtuel, prônant les expériences et l'invention, Second Life ressemble chaque jour un peu plus à notre univers.

Parallèlement, les réseaux virtuels communautaires réorganisent l'espace public (ou le supplantent ?) Si Facebook était un pays, ce serait le sixième du monde. La « collecte de données » reste totalement occultée.

---

5. *Les Échos*, 27 février 2007.

6. Mario GEROSA, Aurélien PFEFFER, *Mondi Virtuali*, Rome, Castelvecchi, 2006.

C'est pourtant un problème majeur car ces réseaux s'appuient, ici, sur l'identité vraie, sans le travestissement du pseudonyme ou de l'avatar. En d'autres termes, pour participer, il faut avoir une vie réelle. *Le Tigre*, curieux magazine curieux (papier et net), s'est amusé à traquer les éléments biographiques d'un homme anonyme, Marc L., pris au hasard, qu'il a laissés sur la Toile : le résultat, écrit sous la forme d'une petite nouvelle, est impressionnant[7].

Qu'est-ce que nous dit cet engouement pour Second Life et ces réseaux sociaux dématérialisés ? Que signifie cette oscillation entre créativité personnelle et mise en scène très formatée de soi, jetée aux quatre vents du cyberespace ? Une quête irrépressible de mobilité ? Une recherche d'étendues inconnues, donc de surprise, quand les moindres recoins de la planète ont déjà été défrichés ? Mais le cyberespace, est-il vraiment le dernier territoire vierge ? Est-ce pour conquérir une nouvelle liberté (théoriquement sans surveillance ?) ou par goût de l'aventure et des voyages que des milliers de personnes, s'abritant derrière un pseudonyme ou un avatar, se réfugient dans un monde virtuel ? En compagnie de milliers d'autres petits clones, elles y retrouvent pourtant des petites bulles dupliquées dans un univers totalement mondialisé dont le moteur reste la consommation. Finalement, à peu de chose près, c'est notre

7. < letigre.net >

environnement quotidien, mis en scène à peine différemment.

Quand l'écran filtre l'espace

« Qu'est-ce que le moi ? » se demandait Pascal, sinon « un homme qui se met à la fenêtre pour regarder les passants ». Ma grand-mère, qui n'avait probablement pas lu Pascal, passait ses journées à la sienne et observait sans jamais se lasser les gens qui sortaient du métro. Le monde était dehors.

Aujourd'hui, le monde est « dedans » : sans quitter notre chaise, nous « voyageons » à toute vitesse sur Internet, visage masqué ou démasqué. En effet, comment appréhende-t-on ces réseaux amicaux et ces espaces sans contact ? En restant figé devant son écran. Pour mettre sa vie en traces analogiques, la rendre palpable et immortelle ou récolter la mémoire de vies virtuelles, on a (encore) besoin d'une certaine immobilité. Cette dématérialisation totale des espaces se produit (tant que nous n'avons pas de puces électroniques greffées dans notre cerveau) dans un lieu, et souvent à la maison.

L'ordinateur supplante désormais la fenêtre ouverte de Pascal. Ce face-à-face avec l'écran rappelle aussi la posture de l'automobiliste qui parcourt des espaces mondialisés, qui va de bulle en bulle, bien au chaud dans la sienne. D'une certaine façon, on trouve des parentés entre l'espace sans limites précises du périurbain ou celui du cyberespace. Dans les deux cas, on n'échappe pas à un espace normé très prescriptif; virtuelles ou réelles, ces étendues se ressemblent, inhospitalières et vides. Elles sont indissociables d'un mouvement, quelques kilomètres parcourus ou quelques clics de souris. Virtuelles ou réelles, elles nous plongent souvent dans une certaine torpeur anesthésiante et n'incitent pas à les « regarder », ni à se dire « ces mondes-là me regardent », au double sens du terme.

Chacun, devant son ordinateur ou au volant, conserve l'illusion d'être un acteur libre de toute attache locale, hors du temps, qui se balade là où distances et limites n'existent plus. On ne sait plus très bien où l'on est, ni ce que l'on est. Une souris dans la souricière? Un avatar de soi-même? Un être en mouvement qui a oublié la possibilité même de s'arrêter, sauf lorsqu'il rentre dans son logement? Dans la science-fiction et maintenant dans le langage courant, pour désigner ces créatures qui sillonnent le cyberespace, on parle de cyborgs. Des êtres qui relèvent de l'espèce humaine, mais aussi du construit, de l'artificiel, de la prothèse ou de la machine, sans sexe, et sans origine[8]. Les cyborgs sont-ils la préfiguration de ce qui nous attend?

---

8. Antoine PICON, *La Ville, territoire des cyborgs*, Paris, Éditions de l'imprimeur, 1998.

Toujours ailleurs, partout chez soi ? Ou toujours chez soi, partout ailleurs ? « Tout le malheur de l'homme, disait encore Pascal, vient de ce qu'il ne sait pas demeurer dans sa chambre. » L'ordinateur se miniaturise en téléphone et se pare de « logiciels de réalité augmentée ». Il permet, chaque jour, de nouvelles mobilités et de nouvelles expériences connectant bientôt les objets entre eux, et nous jette hors de la chambre – toujours un écran à la main.

Pourquoi cette fuite en avant ? Est-ce parce qu'on se sent trop mal dans nos espaces ? Qu'en avons-nous fait ? Ils se ressemblent trop, sont trop surveillés, nous cantonnent éternellement dans un seul rôle, celui du consommateur. Y aurait-il, à l'image de la malbouffe de la restauration rapide, une sorte de « mal-espace » généralisé ? Pourtant ces bulles fabriquées et dupliquées, parfois à des milliers d'exemplaires, font l'objet de beaucoup de soins et d'inventivité. Par contre, elles puisent leurs références dans une même représentation figée d'un monde disneylandisé et produisent, par leur nombre, un écœurement certain. Enfin, elles obéissent à des impératifs de rationalisation du moindre mètre carré qui touchent également le logement.

Les architectes sont-ils en cause ? Ils jonglent avec des contraintes multiples et surtout des programmes imposés. Ils font de leur mieux et apportent souvent un peu d'air, mais surtout de l'architecture dans cet environnement de plus en plus marchand qui nous mène tout droit à l'épuisement des ressources de la planète. Seulement, l'enveloppe, l'emballage prennent le pas sur l'architecture. La reconnaissance et la mémorisation de la marque deviennent les seuls objectifs à atteindre. De plus, on ne les consulte pas pour les parcs d'activités des entrées de ville ou les pavillons. On les consulte peu ou mal pour aménager l'espace public.

Ce n'est pas une profession mais tout un système qui est en cause dans la fabrication de nos espaces. La pauvreté de l'enseignement des sciences humaines dans les écoles d'architecture, comme dans les écoles d'ingénieurs ou de commerce, pose un véritable problème. Comment ces (futurs) concepteurs et décideurs pourront-ils argumenter, trouver des marges de manœuvre, proposer des alternatives, s'ils ne possèdent pas les outils pour penser notre société ? Pour les architectes, c'est particulièrement préoccupant. Sans un solide bagage psychosociologique, sans un esprit critique affûté, comment inscrire intelligemment une construction dans un contexte, dans une époque et dans une société données ? Le risque est de s'emprisonner dans des mouvements de mode ou de se laisser piéger par la séduction des images aux jeux de miroirs et de reflets issus de logiciels de conception (CAO).

Une question se pose : peut-on encore vivre caché ? Des faits divers récents nous questionnent. Il y a d'abord, en Autriche et aux États-Unis, ces petites filles séquestrées et violées pendant de nombreuses années. À chaque fois, dans un quartier résidentiel banal peuplé de gentils voisins. À l'époque de Google et de la vidéosurveillance, l'opacité existe encore et elle est – à juste titre, ici – associée au mal.

L'autre exemple, c'est un sujet récent de France 3[9]. Des adolescents se montrent nus devant leur Webcam, se masturbent et font circuler les films sur Internet ignorant totalement qu'ils n'ont dès lors plus aucune prise sur ces images. Ce public jeune met sur le même plan l'intimité de la chambre et son exposition sur la Toile, confondues dans un même prolongement « naturel » de soi.

Nous répondons – sans y penser vraiment – à cette injonction de transparence, de tout dire, de tout montrer, avec l'illusion de maîtriser et de choisir ce qu'on désire montrer de soi. Pouvons-nous encore décider de rester à l'écart ? Que reste-t-il de l'intime ? À quoi conduit cette exposition permanente, cette mise en scène de soi dans un étourdissement volontaire ? Existe-t-il encore des murs ou des limites pour nous protéger ? Pourrons-nous reconquérir et redéfinir des espaces cachés ? Sommes-nous capables de vivre sans le filtre d'un écran entre le monde et nous ?

À la maison ou au bureau, nous tendons, chaque jour, à effacer nos traces, alors que nous menons une

9. 26 août 2009.

vie singulière, pleine d'empreintes, elle, sur des réseaux sociaux virtuels. Est-ce une manière d'affirmer que nous sommes devenus de purs esprits désincarnés ? Paul Virilio, dans une conférence récente, expliquait : « Gagner du temps, c'est perdre l'espace. Perdre la sensation de l'espace[10]. » Pouvons-nous, réellement, faire l'impasse sur nos espaces ?

10. Paul VIRILIO, Congrès de l'UNSFA, La Rochelle, 6 septembre 2009.

Table

Troisième partie :
La mise en scène de la transparence

Quatrième partie :
La mise en scène de soi et la fin de l'intimité

Composé par
DV Arts Graphiques
à La Rochelle.
Achevé d'imprimer en mars 2010
par CPI Firmin Didot (Mesnil-sur-l'Estrée)
Dépôt légal : avril 2010
N° d'impression : 99060

Imprimé en France